El CABALLO

El
CABALLO
Pasión · Belleza · Esplendor · Fuerza

Elaine Walker

PaRragon

Bath · New York · Cologne · Melbourne · Delhi
Hong Kong · Shenzhen · Singapore · Amsterdam

This edition published by Parragon Books Ltd
in 2014 and distributed by

Parragon Inc.
440 Park Avenue South, 13th Floor
New York, NY 10016, USA
www.parragon.com

Texto: Elaine Walker
Edición: Philip de Ste. Croix
Diseño: Sue Pressley
Maquetación y realización: Stonecastle Graphics Ltd
Dirección de proyecto: Andrea O'Connor
Traducción: Nuria Caminero para Delivering iBooks
& Design
Redacción: Delivering iBooks & Design, Barcelona

ISBN 978-1-4723-7288-8

Impreso en China/Printed in China

Cubierta © Getty Images/Anett Somogyvari

Dedicado a Rowan y Ruby

Agradecimientos de la autora:
La autora desea dar las gracias a Jennifer Shee-
rin de Western Tack Trader, Ross Dclap de Ros-
lay Shetland Ponies y Louise Parker de Trevor
Hall Farm Curly Horses, por su ayuda en la fase
de documentación. Como siempre, muchas gracias también a Alison Layland y Martine Bailey
por ser las primeras lectoras del texto.

Índice

Introducción

Elaine Walker

El caballo es un animal que ha inspirado al ser humano de infinidad de maneras durante al menos 4000 años. Encontramos imágenes de equinos tanto en las pinturas rupestres más antiguas como en el arte contemporáneo más actual. En la historia de la civilización, el caballo ha sido a menudo el factor crucial que ha facilitado los desplazamientos, la exploración y el desarrollo. A lomos del caballo se han fundado imperios, se han consolidado y expandido e incluso se han acabado perdiendo. En la cultura actual, el caballo se relaciona sobre todo con actividades de ocio, y sigue siendo uno de los animales más populares y familiares, que convive con las personas en todo el mundo, en una fascinante variedad de formas, tamaños y colores.

De por sí los caballos suelen optar por una vida tranquila: pasean en busca de los mejores pastos y pasan largos periodos simplemente holgazaneando en manadas. Desde que nacen están preparados para huir del peligro a gran velocidad, pero normalmente se comportan de forma relajada, para conservar su energía, por instinto. Sin embargo, han transportado a personas a lo largo de millones de kilómetros, han trabajado en granjas,

comunidades y otras empresas, incluso han ido a la guerra. Ninguna de estas actividades son naturales para el caballo, pero su voluntad de compañerismo explica esta satisfactoria cooperación.

El presente libro incluye fotografías magníficas que ponen de relieve el espíritu y la belleza del caballo, que hacen que nos resulte tan atractivo. También intenta explicar por qué un caballo seguirá o cargará con un humano de confianza a cualquier parte, incluso en situaciones que el instinto le haría evitar. Una vez entendido esto, se nos desvela el espíritu del caballo, y constataremos lo privilegiados que somos de poder disfrutar de un vínculo tan duradero con este hermoso y sensible animal.

Toda la vida he tenido caballos, y ver cómo viven en manada es una lección constante de instinto y lenguaje corporal. Últimamente mi pequeña manada de cuatro caballos appaloosa y dos burros han compartido espacio con una manada de seis ponis de las Shetland miniatura. Ha sido fascinante ver cómo interactuaban los distintos grupos. Se conocieron primero a través de una valla y, cuando dejé que estuvieran todos juntos, ya se llevaban bien. Los pequeños ponis se integraron al instante entre los caballos, mucho más grandes (de 152 a 163 cm de alzada). Pero cada grupo ha mantenido su identidad, incluso cuando se entremezclan y pasean juntos por el campo. A veces miro por la ventana y veo dos grupos completamente separados; sin embargo, al cabo de una hora, pueden estar todos juntos en un gran grupo. Los burros sí que suelen ir a la suya, y pueden estar con los caballos o no, pero siempre están juntos.

En la manada de ponis miniatura hay varios ejemplares jóvenes, de uno a tres años. Han establecido un estrecho vínculo con Ruby, mi potra appaloosa-cuarto de milla, de dos años, que a menudo se pasea entre sus pequeños compañeros, que le llegan a la altura de la rodilla, creando así un tercer grupo de jóvenes equinos pertenecientes a las dos manadas establecidas. Llama la atención que la joven poni más atrevida a veces se separa por completo de su manada para unirse a los caballos, mientras que Ruby solo se une al grupo de ponis si están relativamente cerca de su manada.

También hay una matriarca entre los ponis de las Shetland. Más de una vez he visto a la diminuta yegua imponer disciplina sobre la potrilla de 152 cm. Cuando no quiere que Ruby pase por delante de ella, simplemente balancea la cabeza,

y Ruby espera quieta que le dé permiso para moverse. Creo que este comportamiento se debe a que quiere recordar a Ruby que sea educada. En la manada hay dos caballos castrados más mayores y otra yegua joven que dejan cierta libertad a Ruby, así que tal vez esta diminuta poni más madura piensa que las cosas se han relajado en exceso.

Estas fascinantes observaciones están al alcance de cualquiera que tenga tiempo para detenerse a contemplar un grupo de caballos en el campo. A veces puede ser una ventaja no conocer a los caballos, así las primeras impresiones no se basarán en la familiaridad con los distintos caracteres.

Este libro me permite compartir con el lector parte del placer y del conocimiento que se puede obtener a través de una atenta observación del caballo. Las fotografías le ayudarán a verlo de una nueva forma; así, cuando contemple caballos en un campo, podrá leer y apreciar los matices de su comportamiento. En estas páginas aparecen algunas de las muchas razas que hay por todo el planeta. Espero que cada persona encuentre su favorita. Quizá incluso alguien descubra una nueva raza favorita, una que sienta que encarna el espíritu del caballo de un modo especial.

Manadas en libertad
En contacto con el pasado salvaje

« Un estruendo en la distancia. Un trueno quizá. Pero no. Se acerca, desarrolla un ritmo, se mantiene constante y crece. De repente, sobre la colina aparece una manada de caballos, con la luz dorada del sol bajo de fondo. Surge sobre los pastos verdes y amarillos como una bandada de pájaros por el cielo, compartiendo un instinto, pero con multitud de corazones que laten tan fuerte como golpean sus cascos. El viento agita sus crines y sus colas, el sudor se desliza por sus pelajes bruñidos mientras galopan, cambian de dirección en unos árboles y vuelven a desaparecer de la vista tras la colina. Pero nosotros nos quedamos observando un rato, con la esperanza de que regresen. **»**

La fuerza de una manada de caballos corriendo juntos nos maravilla y nos transmite libertad; la fuerza colectiva de los animales en grupo nos resulta muy atractiva. El estruendo de los cascos es un sonido evocador, nos sube la adrenalina y nos anima a buscar un buen lugar desde donde disfrutar del espectáculo… a salvo. Nadie se atreve a ponerse en el camino de una manada de caballos al galope: esa fuerza colectiva resume buena parte del poder de la manada. Un caballo solo es vulnerable a los depredadores, mientras que, como parte de una manada, comparte los ojos, oídos e instintos colectivos de todos los individuos para conseguir una mejor protección. La seguridad de la manada es un aspecto clave en la forma en que los caballos perciben el mundo.

Cuando una manada de caballos descansa —y para el caballo, una manada es cualquier número superior a uno—, un individuo permanece vigilante, ya sea de pie mientras los demás están tumbados, o recostado sobre el pecho mientras los demás se echan del todo. El caballo vigilante puede parecer también adormecido, pero levantará la mirada al instante ante el más mínimo cambio en el entorno. Un grupo debe estar verdaderamente relajado para que no haya un caballo más alerta que los demás, y eso solo ocurre cuando la visibilidad es perfecta a todo su alrededor. Incluso los caballos domésticos criados durante generaciones en países sin grandes depredadores conservan ese instinto de vigilancia.

Cuando los caballos pastan, si uno levanta la cabeza o empieza a caminar, los demás no tardarán en seguirlo. Si se separan mientras buscan la mejor hierba, enseguida se reagrupan. Existe una fuerte comunicación invisible y los vínculos del grupo se refuerzan con un comportamiento sincronizado.

Los caballos son animales gregarios que necesitan compañía. Es importante respetar su naturaleza, por lo que no es buena idea que un caballo esté solo. Un caballo estabulado puede estresarse si está solo; se sentirá mucho más feliz en compañía incluso de un animal pequeño, como un gato, que aislado. En el campo es mejor tener ovejas o vacas como compañeras de pastos que una vida solitaria. Pero lo realmente ideal es otro equino. Los caballos pueden incluso llegar a establecer fuertes vínculos con un burro a falta de la compañía de otro caballo.

El aseo mutuo, durante el cual los caballos se colocan uno junto a otro mirando en dirección contraria y se rascan entre sí con los dientes, no es solo una cuestión de cuidado de la piel. Es también una importante actividad de vinculación que refuerza la cohesión de la manada.

Aunque estemos acostumbrados a ver a los caballos confinados en un cercado o un establo, o bajo el control de la montura y las guarniciones, su instinto les lleva a evitar cualquier restricción por su propia seguridad. Los caballos necesitan, sobre todo, sentirse seguros. Esa seguridad la hallan sabiendo cuál es su lugar en el orden de la manada. Esto podría parecernos una simple jerarquía, y es que, como depredadores que somos, entendemos mejor los instintos de una jauría de caza que los de una manada perseguida. Pero los animales que viven en manada presentan una interacción compleja y diferente, y cuantos más seres humanos entiendan la forma cambiante de actuar de una manada,

más capaces seremos de desarrollar una relación satisfactoria con nuestros caballos y con los equinos en general.

Seguridad en el grupo

En toda manada salvaje hay un semental que protege a sus yeguas y potros y se enfrenta a otros sementales rivales en violentas peleas. Pero el día a día de la manada es responsabilidad de las yeguas más veteranas, que con la sabiduría necesaria inspiran confianza y muestran liderazgo. Una yegua líder vela por que los caballos jóvenes aprendan a comportarse, y los apartará si su conducta amenaza la convivencia pacífica de la manada. Solo se les permite regresar si aceptan su «categoría juvenil» de forma respetuosa. La yegua líder es también la que toma la decisión de desplazarse en busca de agua o nuevos pastos.

El orden dentro de la manada cambia constantemente en función de la edad y el carácter de cada caballo, y esto también ocurre entre los caballos domesticados. No todos los caballos quieren ser líderes, pero todos quieren sentirse seguros y saber cuál es el lugar que ocupan en la estructura de la manada. La posición de cada animal en el grupo viene determinada tanto por su carácter individual como por su capacidad de liderazgo. Así, un caballo que no es un líder natural puede intentar conseguir una posición superior más segura en la manada.

Por ejemplo, un caballo inseguro puede sentir mayor necesidad de ocupar una mejor posición, lo cual suele conseguir imponiéndose sobre otros caballos más débiles o más jóvenes. Pero los caballos no necesariamente pelean para hacerse un lugar en la manada. La mayor parte de su interacción se basa en la confianza para imponerse en el grupo, pretensión que muestran a través del lenguaje corporal. Así evitan enfrentamientos y posibles lesiones.

Los caballos pueden mostrarse muy amenazadores hacia otros equinos, aunque las peleas serias son poco frecuentes. Una señal de advertencia —normalmente las orejas planas— suele bastar para evitar la confrontación. Un caballo que se defiende puede volverse para golpear con las patas traseras, mientras que uno que ataca probablemente embestirá hacia delante. Pese a lo alarmante que pueden parecernos estos enfrentamientos, su observación nos da pistas sobre cómo podemos interactuar con confianza y seguridad con los caballos. Es recomendable no dar un paso atrás si un caballo intenta invadir descaradamente nuestro espacio y echarnos, algo que no siempre resulta fácil ni seguro, pues incluso un pequeño poni tiene fuerza suficiente para tirar a una persona.

Si un caballo grande y fuerte avanza deprisa hacia nosotros, nuestro instinto nos hace retirarnos para evitar el peligro. Pero al instante estamos enviando un mensaje de que no somos lo suficientemente fuertes para mantener nuestra posición y

ofrecer al caballo el liderazgo sólido que necesita para sentirse seguro. Le estamos diciendo que puede ignorarnos o intimidarnos, lo que dará pie a problemas en el futuro. Para restablecer el equilibrio, debemos enseñar al caballo a apartarse de nosotros y tenemos que saber pedirle con firmeza que retroceda si se acerca demasiado.

Estudios de caballos salvajes sugieren que las manadas domésticas a menudo presentan una interacción más tensa y agresiva. Podría ser porque los animales se ven limitados en pequeños potreros donde no pueden alejarse de los demás para evitar la confrontación. También podría ser porque los grupos están separados por sexo o porque la combinación de personalidades no está equilibrada. De hecho, si observamos a los caballos de cualquier manada durante un periodo de tiempo, no tardaremos en constatar que las relaciones son sutiles y complejas, y que en ellas intervienen el instinto, la sensibilidad y la inteligencia. Es posible que no sea el mismo caballo el que asuma el liderazgo en todo momento. A veces puede resultarnos difícil interpretar la interacción, pero, para el caballo, siempre se trata de sentirse seguro en una posición aceptada dentro de la manada.

Esa necesidad de liderazgo sólido es lo que nos permite establecer una relación de confianza para trabajar con un caballo o incluso un vínculo duradero. Las relaciones que los caballos establecen entre sí o con las personas se basan por completo

Izquierda: *La estructura de la manada aporta seguridad al caballo. Nuestro objetivo como adiestradores o jinetes consiste en ofrecer un liderazgo sólido a nuestros caballos para que acepten de buen grado nuestra compañía.*

en la seguridad y el respeto. Ante un caballo joven prepotente, los caballos de su entorno no tardarán en enseñarle modales. Eso refuerza su posición en la manada, pues le recuerda que un miembro juvenil no inspira seguridad a los demás miembros del grupo. Un caballo dominante puede conseguir una posición de liderazgo con intimidaciones para obtener el mejor alimento, por ejemplo, pero el líder de la manada probablemente será un individuo tranquilo y seguro de sí mismo: ese será el caballo al que los demás seguirán en última instancia.

¿Cómo podemos aprovechar esta información al interactuar con nuestros caballos? Si una persona se muestra tranquila, segura de sí misma y concentrada, es más probable que el caballo responda satisfactoriamente, porque esa persona demuestra liderazgo. Se puede someter a un caballo a base de intimidaciones, e incluso es posible que opte por cooperar, pero así no se sientan unas bases sólidas para una relación de confianza duradera. Hasta un caballo muy dominante debe aceptar el liderazgo del jinete por voluntad propia, por seguridad para ambas partes. La sumisión forzada no es lo mismo.

Si bien lo salvaje nos resulta atractivo y emocionante, nos asustaríamos con razón si se desatase el instinto salvaje latente de nuestros caballos domésticos. Así pues, la impresión que causemos en el caballo debe ser genuina y duradera para sentirnos seguros en cualquier situación. Por ejemplo, si el

« El **líder de la manada** probablemente será un individuo **tranquilo y seguro** de sí mismo: ese será el caballo al que los demás **seguirán en última instancia**. »

Derecha: *Si bien los caballos salvajes se diferencian de los domésticos en muchos aspectos, los sementales comparten el mismo instinto de pelear por las yeguas y por el territorio.*

caballo se espanta y no confía en que su jinete velará por su seguridad, podría guiarse por su instinto y huir de lo que percibe como un peligro. Por tanto, nuestra capacidad para manejarlo, dirigiendo su energía de forma segura y ganándonos su cooperación, es clave para nuestra relación de trabajo.

Los caballos salvajes y los domésticos son diferentes. Una especie salvaje, tras ser domesticada, va cambiando con las generaciones; la cría selectiva, la provisión regular de alimento y la protección del peligro van moldeando la raza, puliendo algunos rasgos de la vida salvaje. Por lo general, los machos se castran a una edad bastante temprana si no se van a dedicar a la cría. Así resultan más dóciles y conviven mejor con otros caballos. Los instintos de una manada se basan en buena medida en la necesidad de procrear, por lo que de este modo alteramos la naturaleza de las relaciones subyacentes dentro de la manada.

Pese a miles de años de domesticación, la naturaleza básica del caballo permanece intacta. Por eso los potros no nacen domados ni preparados para montar, aunque desciendan de largos linajes de caballos domésticos. Todavía tenemos que ganarnos su confianza, acostumbrarlos al manejo y adiestrarlos. Los caballos aprenden de otros caballos, por lo que este proceso resultará mucho más fácil para un potro nacido en un contexto doméstico que para uno capturado en la naturaleza que no haya tenido contacto previo con el ser humano.

En todo caso, es fundamental que el adiestramiento del caballo se lleve a cabo a una edad temprana.

Por naturaleza, un caballo necesita libertad. Para sobrevivir en estado salvaje, se basa en su instinto de huir del peligro. En un contexto doméstico, ese instinto puede hacer que un caballo asustado arremeta contra una valla o corra hacia una carretera, presa del pánico. Cuando la atención del caballo se centra en la amenaza de la que huye, su deseo de escapar se antepone a cualquier otra cosa. Si bien en la mayoría de los lugares no habrá realmente muchos depredadores que quieran matar un caballo doméstico para comérselo, lo cierto es que cualquier objeto desconocido o algo que se mueva de repente puede desencadenar la respuesta de huida. Muchos propietarios de caballos saben que una simple bolsa de plástico agitada por el viento puede asustar al más tranquilo de los equinos, sobre todo si aparece en un lugar donde el día anterior no había ninguna bolsa o durante un paseo por una zona desconocida. Todos los instintos del caballo le llevan a ser precavido ante movimientos súbitos, lugares extraños, formas desconocidas u olores que podrían indicar la presencia de un depredador al acecho. Eso no significa que el caballo sea difícil ni tonto, simplemente nos recuerda que se siente amenazado. Pese a siglos de domesticación, el caballo siempre permanece en contacto con las necesidades y los instintos de su pasado salvaje.

Izquierda: *El caballo huye del peligro por instinto natural. Objetos o ruidos inesperados pueden provocar una respuesta de huida si el caballo se siente amenazado.*

« Los **potros** no nacen domados ni **preparados para montar** […] Todavía tenemos que **ganarnos su confianza**, acostumbrarlos al **manejo** y **adiestrarlos**. »

Página siguiente: *El caballo de Przewalski está hoy a salvo gracias a estrictos programas de cría, pero hubo un tiempo en que aquellos que intentaban salvarlo lo pusieron en peligro, más que cuando se valía por sí mismo en estado salvaje.*

Regreso a la naturaleza

En la actualidad solo hay una especie de caballo verdaderamente salvaje, *Equus ferus przewalskii*, asiático o mongol, también conocido como caballo de Przewalski. Hasta 1879 este pequeño equino era desconocido fuera de su territorio nativo. El coronel Nikolái Przewalski, naturalista y agrimensor ruso, tuvo noticia de que aún había caballos salvajes en los límites del desierto de Gobi y partió en su busca. Se creía que se habían extinguido a causa de la caza del pueblo nómada kirguís, que aprovechaba su carne y su piel, por lo que el descubrimiento de pequeñas manadas aisladas sorprendió.

Pero los primeros intentos de salvar el caballo de Przewalski empeoraron la situación. Muchos ejemplares murieron al tratar de capturarlos o ya en cautividad debido a una mala gestión. En 1969 no quedaba ningún caballo de Przewalski en estado salvaje en Mongolia y, aunque había manadas en cautividad bien establecidas en Europa y Estados Unidos, experimentaban problemas de endogamia que ponían en riesgo a toda la especie. Sin embargo, ahora la situación ha mejorado gracias a unos programas de cría en cautividad gestionados con esmero. De forma lenta y cuidadosa, tras un largo periodo de aclimatación a una vida independiente de los humanos, han regresado a su hábitat natural.

En 1998 se reintrodujeron en las estepas rusas y hoy gozan de una vida próspera en el Parque Nacional de Hustai. Allí están protegidos de los cazadores humanos, pero deben sobrevivir a sus depredadores naturales, como los lobos. La supervivencia de los últimos caballos verdaderamente salvajes del planeta depende de su fortaleza heredada. Moran en un paisaje montañoso donde también hay vastos altiplanos de praderas agrestes, lagos salados, ciénagas, dunas de arena, bosques y glaciares. Un terreno riguroso marcado por inundaciones y sequías, con un calor y un frío extremos, ha moldeado a estos caballos dorados a lo largo de miles de años, y seguirá haciéndolo ahora que han regresado a casa.

En un principio, el caballo de Przewalski se consideró un eslabón directo entre las razas primitivas y las modernas. En cambio, ahora se cree que se trata de una especie distinta, pues tiene 66 cromosomas, a diferencia de los 64 del caballo doméstico. Al igual que las cebras, son muy difíciles de domar y pueden ser muy agresivos, incluso criados en cautividad. Son unos animales pequeños y fuertes, muy parecidos a los caballos cazados representados en las pinturas rupestres primitivas. Miden de 122 a 142 cm en la edad adulta, tienen las orejas largas, crines cortas y erizadas, y una cola rala. Una de sus características más notables es la franja dorsal negra que le recorre toda la columna, desde la crin hasta la cola, así como el color dorado de su pelaje, cuyo tono varía según la estación.

El aspecto físico y el complejo comportamiento del caballo de Przewalski (*véase* arriba) nos recuerdan que los caballos modernos que conocemos hoy en día están influidos por largos años de domesticación, pero aún conservan una herencia salvaje y un instinto gregario natural.

Las manadas salvajes viven en grupos, conocidos como harenes, formados por un semental líder con sus yeguas y las crías mientras no están listas para reproducirse. Cuando las potras y los potros alcanzan la madurez sexual, son expulsados del grupo y deben aprender a valerse por sí mismos. Pueden unirse a grupos de «solteros», es decir, caballos jóvenes de ambos sexos que terminarán separándose en nuevas manadas. O tal vez se les permita unirse a otros harenes. En tal caso, los potros vivirán al margen de la manada, a una distancia segura del líder, aunque, con el paso del tiempo,

los que tengan un carácter fuerte pueden empezar a desafiarlo.

Las distintas manadas de estos caballos a veces coinciden en los abrevaderos, o se cruzan al desplazarse entre pastos, pero la interacción entre ellas suele ser pacífica y cauta, a no ser que un semental intente robar alguna yegua de otro grupo. Entonces los sementales se enfrentarán en una violenta pelea, incluso hasta la muerte.

Cuando los lobos amenazan a una manada, las yeguas forman un círculo protector alrededor de las crías. El semental vigila el perímetro y ataca a cualquier lobo que se acerque demasiado. Las yeguas sin crías no solo ayudan a proteger la manada, sino que también se unen al semental en el ataque. Este magnífico ejemplo de la fuerza de la manada ilustra la capacidad de los caballos para actuar juntos para proteger al grupo.

Caballos legendarios

La mayoría de los caballos considerados «salvajes» hoy en día deberían definirse más bien como «asilvestrados», para mayor precisión, pues en su origen proceden de animales domésticos. Si bien hace ya mucho tiempo que perdieron cualquier influencia doméstica y presentan un comportamiento salvaje en todos los sentidos, no tienen la naturaleza indomable del caballo de Przewalski o la cebra. Los más conocidos son el mustang americano y el brumby australiano, aunque también se encuentran caballos asilvestrados en otras partes del mundo.

El mustang es uno de los grandes símbolos de la naturaleza salvaje y el espíritu de supervivencia del Lejano Oeste. Vive en terrenos áridos de suelo altamente alcalino poblado de matorrales que se extienden por vastas llanuras hasta cumbres rocosas de varios estados norteamericanos; cabe destacar su presencia en Nevada, estado que lo eligió como imagen de la moneda de cuarto de dólar conmemorativa en 2006. Su historia como caballo que se ha vuelto salvaje con el tiempo contribuye a su atractivo; de hecho, su nombre deriva del término español «mesteño», que designa a un caballo sin dueño.

La teoría generalmente aceptada es que el mustang actual desciende de caballos, llevados al continente americano por los exploradores españoles en el siglo xvi, que fueron abandonados o se escaparon. Las características vitales de las razas españolas, con una larga historia de resiliencia, se han ido transmitiendo de generación en generación.

Esos rasgos han sido muy útiles a los mustangs, que se han convertido en animales fuertes, capaces de adaptarse a un terreno duro y a unos pastos escasos. De unos 142 cm de alzada media, pueden presentar diferentes capas: alazán, bayo y ruano son colores comunes. También reflejan la influencia de caballos de rancho y de otras razas, que se escaparon o fueron liberados sobre todo durante el siglo xix. Famosos por su uso en los ranchos y como montura tanto de la caballería de Estados Unidos como de las tribus indias, su espíritu luchador se suma a los valores de coraje y resistencia que caracterizan al Oeste americano.

Se han transmitido numerosas leyendas en torno al mustang. Durante más de sesenta años, mucho más allá de la esperanza de vida de cualquier caballo, se escucharon historias sobre un excepcional semental blanco. El espacio donde supuestamente vivió aquel magnífico caballo también va más allá de los límites de la credibilidad, pues decían haberlo visto en lugares tan alejados como Texas y Montana. Parece ser que era más veloz que ningún otro caballo, muy inteligente a la hora de evitar su captura, y capaz de organizar campañas de precisión militar para proteger a su manada del peligro. Incluso el *New York Times* narró sus hazañas en 1882. Muchos nativos americanos creían que era un caballo fantasma. Se llegó a ofrecer una importante recompensa económica a quien lo capturase vivo, pero nadie la reclamó. Probablemente fue lo mejor, tanto para el caballo como para la leyenda.

« El **mustang** es uno de los grandes **símbolos de la naturaleza salvaje** y el **espíritu de supervivencia** del Lejano Oeste. »

Aunque estas historias siempre deben mucho a la rumorología y la imaginación, los relatos del semental fantasma blanco presentan ciertos indicios de veracidad. Cuentan que colocó a sus yeguas en un círculo defensivo contra los lobos, un comportamiento documentado por los guardabosques que han realizado seguimientos de los caballos de Przewalski. También cuentan que cooperó con los sementales de otras manadas, hasta el punto de convertirse en el líder de todos aquellos caballos en momentos de peligro, otro comportamiento documentado por naturalistas que han observado manadas de caballos salvajes.

A finales del siglo XIX, cuando esta historia cautivó la imaginación de la gente, el caballo blanco no era más que otro animal entre más de un millón de caballos salvajes que corrían por las Grandes Llanuras. Es probable que varios ejemplares blancos entre los caballos ruanos, tordos y bayos de las enormes manadas impresionaran a los viajeros. En poco tiempo sus historias pudieron fusionarse en un solo animal de cualidades míticas, la personificación del espíritu indomable, un blanco semental salvaje fantasma.

A pesar del romanticismo de estas leyendas, el mustang ha tenido que soportar adversidades y persecuciones durante mucho tiempo. Se calcula que a finales del siglo XIX en Estados Unidos había unos dos millones de caballos salvajes, mientras que a mediados del siglo XX quedaban menos de

20 000. Siempre se les había cazado por la carne o se les había capturado para introducirlos en manadas domesticadas, pero su velocidad, su agilidad y su gran conocimiento del terreno permitieron asegurar un número suficiente de caballos en libertad que garantizaba la supervivencia de la especie. Sin embargo, cuando empezaron a utilizarse helicópteros y vehículos a motor para su captura, les era más difícil escapar. Enseguida aumentaron las matanzas, ya fuese para proveerse de carne o para proteger los pastos del ganado. Las protestas contra estas acciones y los crueles métodos empleados finalmente condujeron a una protección legal entre finales de la década de 1950 y la de 1970. No obstante, a causa de algunas lagunas legales, los caballos salvajes seguían en peligro, y lo siguen estando.

Algunos los consideran una parte indígena del paisaje y un elemento clave del patrimonio del Oeste americano, mientras que para otros son una especie introducida, que compite por el sustento disponible con otras especies salvajes genuinas y ganado de explotaciones comerciales. Los defensores del mustang argumentan que muchas manadas de caballos salvajes prefieren áreas áridas remotas, alejadas de los seres humanos. Son tierras menos útiles para el ganado, que necesita pastos y un acceso fácil al agua, mientras que los caballos pueden recorrer largas distancias para hallar esos recursos. Y así van y vienen argumentos y contraargumentos, tristemente más centrados en aspectos comerciales que en la herencia y el bienestar de los caballos.

En la actualidad se han creado programas que fomentan la adopción de mustangs, para protegerlos en su hábitat natural o para adiestrarlos como caballos de silla. Fáciles de domar, son caballos excelentes para el trabajo, el ocio o la competición. Pero lo mejor sin duda es verlos galopar en una manada salvaje, levantando nubes de polvo, camuflándose entre los tonos rojizos y pardos del paisaje desértico.

Herencia salvaje

Al igual que el mustang, el brumby australiano desciende de caballos importados que escaparon o fueron abandonados, aunque su historia no es tan larga. Los primeros caballos que llegaron a Australia, a finales del siglo XVIII, eran razas inglesas y españolas; les seguirían las árabes. El brumby también se ha convertido en símbolo del carácter duro y la resiliencia del espíritu pionero, y, en un paralelismo más triste, también se ha visto perseguido y ha sido estigmatizado como una plaga.

Sobre el origen del nombre «brumby», unas fuentes creen que es el apellido de un hombre que dejó caballos en libertad de forma deliberada; otras defienden que procede de un término aborigen que significa «salvaje». Estas diferentes opiniones reflejan la confusa historia de estos caballos. Para los primeros pioneros de Australia, era fundamental tener un caballo capaz de adaptarse a un clima extremo y a un pasto escaso, así como de trabajar intensamente y recorrer distancias largas.

« Existen **brumbies de gran diversidad** de tamaños y capas, desde **pequeños ponis** hasta **caballos imponentemente grandes**. »

Los animales que sobrevivían para pasar sus genes a la próxima generación eran sin duda de los más fuertes, y los que acababan en estado salvaje eran los más fuertes de todos. La cría de numerosos caballos destinados a montura de caballería en los grandes espacios abiertos de Australia supuso la introducción de sangre nueva. Inevitablemente, muchos se escaparon o se cruzaron con las manadas salvajes existentes.

Más adelante, cuando las máquinas sustituyeron a los caballos en las tareas agrícolas o como medio de transporte, muchos animales fueron liberados. En la actualidad, manadas de brumbies viven en parajes remotos y difíciles en diversas regiones de Australia. No existen datos fiables del número de ejemplares existentes, pero se encuentran desde los desiertos del Territorio del Norte hasta los parques nacionales del centro de Queensland y Nueva Gales del Sur. En cada región los caballos presentan características físicas distintas, en función de la herencia de los diferentes linajes.

Sin embargo, el propio éxito del brumby ha provocado su persecución. Al no ser una raza originaria de Australia, legalmente puede controlarse si supone una amenaza para la flora autóctona. Durante mucho tiempo fueron habituales las batidas regulares. No obstante, al igual que el mustang, el brumby cuenta con numerosos defensores y, gracias a su inteligencia y agilidad, se adapta bien a la domesticación. Tiene buen carácter y fama de versátil como caballo para el ocio o el trabajo. Debido a la variedad de razas que influyó en su desarrollo, existen brumbies de gran diversidad de tamaños y capas, desde pequeños ponis hasta caballos imponentemente grandes. Puede verse algún palomino junto a ocasionales moteados entre los más habituales alazanes y bayos. Todos comparten una gran capacidad de aprendizaje y establecen fuertes vínculos con sus adiestradores, aunque también son conocidos por su carácter fuerte y cierto espíritu independiente, resultado de la dura vida de un caballo salvaje.

Caballos de agua

Tanto el mustang como el brumby viven en hábitats mayormente áridos, pero también podemos encontrar caballos asilvestrados o semisalvajes en humedales, como el delta del Danubio o el delta del Ródano, en el sur de Francia, hogar del célebre caballo camargués.

El delta del Danubio, en Rumanía, es uno de los mayores humedales de Europa, y ha sido declarado Reserva de la Biosfera y Patrimonio de la Humanidad por la Unesco. Allí viven caballos desde hace unos 350 años. Como muchas de las manadas salvajes que perduran en nuestros días, se cree que descienden de caballos domésticos liberados o fugados. El delta del Danubio es un paraje extraordinario que incluye la mayor extensión ininterrumpida de juncos de Europa, así como dos antiguos bosques únicos de robles y bejucos. Ofrece refugio a aves acuáticas como el cormorán, el pelícano, la espátula y la barnacla cuellirroja, y a peces como el esturión, en peligro de extinción, entre numerosas plantas medicinales. Las poblaciones de caballos, pequeños y fornidos, son de color negro o castaño, de 142 a 152 cm de alzada, aptos para el trabajo gracias a su robustez. El éxito de la cría de esta raza la convirtió en una amenaza para el delicado ecosistema del delta, donde se protegen plantas raras en áreas como el bosque de Letea. Como ha ocurrido con tantas manadas salvajes, los duros métodos empleados para su control hicieron que al final fueran los caballos los amenazados, hasta que se dieron los pasos necesarios para su protección.

Hoy un estricto programa de cría controla el número de ejemplares, además de facilitarles alimento cuando el clima es más riguroso y atención veterinaria para mantenerlos fuertes y sanos. Los caballos contribuyen a la biodiversidad del bosque, y así ambos pueden prosperar con una buena gestión.

La Camarga es otra región deltaica, donde el río Ródano desemboca en el mar Mediterráneo. Es una zona de marjales y playas de arena fina, donde la lavanda de mar y el taray aromatizan el aire salobre mientras algunos árboles solitarios vigilan el mar como centinelas. Azotada por los violentos vientos del mistral, es una región cálida en verano pero muy fría en invierno, una tierra de aire cristalino que puede verse súbitamente envuelta por la bruma. Entre los juncos y la bruma, manadas de caballos camargueses blancos chapotean libre-

mente en las aguas bajas. Un aspecto insólito de los caballos de La Camarga es que se cree que son autóctonos de la región desde hace miles de años. La influencia de la raza bereber en los siglos VII y VIII se aprecia en su cuerpo, fuerte y compacto, y su inteligencia. Nacen de color negro o castaño, pero van adquiriendo un tono gris o casi blanco con los años. Tienen cascos anchos adaptados al hábitat de agua salada y arena, donde se alimentan de juncos y salicornia. Tradicionalmente no van herrados y miden unos 142 cm, aunque pueden cargar con un hombre adulto sin problema.

A pesar de que siempre han vivido en manadas salvajes, estos caballos se clasifican como semisalvajes, pues también cuentan con una larga historia de domesticación, sobre todo como caballos de los *gardians*, los encargados de controlar a los igualmente famosos toros negros de las marismas. El caballo camargués podría considerarse afortunado entre las razas «salvajes» por su larga tradición de trabajo con el ser humano, al que está bien adaptado. Su fama lo convierte, asimismo, en un importante atractivo turístico por derecho propio. Las perspectivas a largo plazo parecen positivas, gracias a esa relación con la prosperidad comercial de su hábitat natural.

Igual que los caballos genuinamente salvajes o asilvestrados, muchas razas viven en manadas semisalvajes, aunque tengan propietarios humanos. Esta viabilidad depende de la disponibilidad de tierras comunes, así como de la tradición.

Entre los **juncos** y la **bruma,** manadas de **caballos camargueses** blancos **chapotean** libremente en las **aguas bajas.**

Montañas y páramos

En Gran Bretaña, los vastos páramos y las montañas de Gales, Escocia y el sur de Inglaterra se asocian con razas autóctonas, algunas de las cuales aún hoy viven en manadas semisalvajes.

Los ponis de Exmoor habitan los páramos del sudoeste de Inglaterra desde hace cientos —tal vez miles— de años; a menudo se les describe como la raza europea más antigua. Ya se les menciona en el Domesday Book del siglo XI, pero hasta 1818 no hay registros ni se ponen en marcha programas de cría. Muchas de las manadas actuales todavía pertenecen a las primeras familias que participaron en la iniciativa de mantener la raza y llevar un registro.

El paisaje ha influido notablemente en la tradición de la «vida en libertad» del poni de Exmoor. El páramo es un campo abierto azotado por el viento y salpicado de brezo que a finales de verano ofrece una explosión de flores moradas. La acción de la lluvia y los fuertes vientos ha ido marcando senderos irregulares en el suelo turboso. Los animales que habitan el páramo deben ser capaces de recorrer largas distancias para sobrevivir a base de unos pastos nutricionalmente escasos y para refugiarse del mal tiempo. El poni de Exmoor convive con el ciervo común, algunas mariposas, polillas y aves como la curruca rabilarga y el lagópodo escocés. Los ponis reflejan los colores del páramo invernal: suelen clasificarse como bayos, pero van del castaño rojizo al castaño oscuro, pasando por el pardo claro, siempre con un carac-terístico color harinoso en el vientre, en el hocico y alrededor de los ojos, de párpados caídos. Sus crines y colas, negras y espesas, los ayudan a protegerse del riguroso clima de los páramos, al igual que un pelaje de invierno de doble capa.

El poni de Exmoor es pequeño y robusto, de tan solo 122 cm de alzada, pero con una cabeza elegante y unas extremidades bonitas y fuertes. Una característica excepcional de la raza es que se ha desarrollado de forma natural, moldeada por el entorno. A causa del aislamiento, no ha recibido influencias importantes de razas foráneas, a diferencia de otras que se han desarrollado gracias a cuidados programas de cría. Tampoco es común su mandíbula, con vestigios de un séptimo molar que no se encuentran en ninguna otra raza moderna.

Las manadas corren en libertad por el páramo la mayor parte del año, pero los propietarios capturan sus ponis en otoño para realizar revisiones médicas, marcarlos y colocarles un microchip. Los dueños se quedan con los ejemplares que haya que destetar, así como con los que quieran vender o seleccionar para adiestrar; los demás son liberados. El páramo ha dado forma a estos ponis, pero también ellos han contribuido a moldear el lugar, pues su pastoreo mantiene la maleza baja, lo que permite que prosperen otras plantas y flores delicadas. Son parte del carácter esencial de Exmoor y el linaje semisalvaje de base es vital para mantener la raza, declarada especie en peligro de extinción por el Rare Breeds Survival Trust.

Los ponis de Exmoor son ideales para los niños, gracias a su inteligencia innata, un paso firme y un ingenio potenciado por la rigurosidad del entorno, por lo que existe demanda de esta raza en el mundo del caballo doméstico. Pero para preservar ese espíritu, siempre debe cuidarse el linaje de base, para que puedan seguir moviéndose con facilidad entre las aulagas y para que esas formas imprecisas con crines como matas de hierba sigan paseando por los senderos del páramo entre la niebla.

No lejos de allí, los ponis de Dartmoor comparten muchas de las características de las razas de los páramos: son pequeños, robustos y de paso firme. Su historia no es tan larga y, hasta el siglo XIX, la línea genética recibió influencias regulares de sangre externa. El poni de Dartmoor es algo más alto que el de Exmoor y no comparte su coloración harinosa. El negro, el castaño y el bayo son las capas más habituales. Destacan las bonitas formas de la cabeza y las extremidades, con un refinamiento que los ha hecho muy populares como ponis de exhibición para niños.

En el páramo crecen sanos y fuertes durante el verano, hasta que los recogen en otoño. Sus respectivos propietarios los clasifican en rediles temporales y los identifican mediante una marca o un corte especial de la cola para prepararlos para la subasta.

Estos ponis han experimentado cambios con el tiempo y también son considerados una raza rara vulnerable. El pastoreo de conservación es una de las innovaciones introducidas por el Dartmoor Pony Heritage Trust para contribuir a su supervivencia: propone el uso de ponis como una forma ecológica de gestión del suelo, pues son animales de pastos selectivos que ayudan a mantener la biodiversidad. Sus hábitos de pastoreo ayudan a conservar la vegetación abierta, fundamental para la supervivencia de muchas especies poco frecuentes de flora de los páramos. Asimismo, limitan la proliferación de helechos al pisar las frondas jóvenes en primavera y las plantas muertas en invierno, lo que permite que otra flora más delicada pueda crecer y prosperar. Estos hábitos de pastoreo también pueden resultar beneficiosos en otros parajes, por lo que el poni de Dartmoor podría ser útil lejos de su hábitat original, algo que debería ayudar a asegurar el futuro de la raza.

En el extremo sur de Inglaterra, en el condado de Hampshire, está New Forest, uno de los pocos lugares del Reino Unido donde es posible ver caballos en total libertad a poca distancia. Todos los ponis que viven aquí pertenecen a residentes locales con derechos de pastoreo en el bosque y los campos circundantes, considerados «New Forest Commoners». Para registrarlo como poni de New Forest, el animal debe haber nacido y debe criarse en el bosque. Existen de diversos colores lisos, sobre todo bayos y de otros tonos castaños. Son pequeños y resistentes y, al igual que el poni de Exmoor, que no vive muy lejos, su historia se remonta en el tiempo más allá de lo que pueden revelar los documentos escritos.

En New Forest podemos ver ponis de todas las edades interactuando de forma relajada. Si bien es cierto que no son del todo salvajes, tampoco están encerrados en campos ni sujetos a un manejo diario como la mayoría de los caballos domésticos. Las crías viven con la manada, hasta que se separa a los potros para evitar que se reproduzcan. No obstante, pese a vivir en libertad como los ponis de Exmoor y Dartmoor, los de New Forest son famosos por su actitud tranquila ante las personas. Es habitual verlos paseando cerca de los pueblos de la zona o pidiendo comida a los turistas. Pero aunque se muestren de lo más cordiales, hay que tratarlos con precaución y nunca hay que darles comida. Eso sí, su relativa confianza con los humanos nos permite observarlos de cerca con seguridad.

Todo amante de los caballos sueña con la imagen idílica de caballos salvajes al galope, asociada a un pasado romántico y al espíritu de libertad. Sin embargo, es algo difícil. Los caballos considerados «salvajes» hoy día, los que no tienen propietarios legales, a menudo se encuentran amenazados o se les considera una molestia. Los caballos —incluso los ponis relativamente pequeños— son animales grandes y, en estado salvaje, son difíciles de manejar. Muchas razas salvajes o semisalvajes están en peligro porque su hábitat desaparece, porque se les considera una plaga o porque no tienen ningún valor comercial.

Pero los caballos que viven en grandes manadas y sobreviven al paso de las estaciones desarrollan fortaleza y resiliencia. Todas las razas descritas en este capítulo viven en entornos duros, cálidos o fríos, áridos o húmedos. Todas ellas se caracterizan por su fuerza física y un espíritu luchador. Se alimentan de pastos escasos y superan rigurosos

inviernos. Esta vida difícil perfila algunas de las cualidades instintivas que se pueden atenuar cuando se aísla un caballo o se le limita el acceso a los pastos. Los caballos salvajes entienden el funcionamiento de la manada y, de forma instintiva, confían en un líder seguro, están alerta ante el peligro y procuran conservar energía. Por ello, resultan muy atractivos como caballos de trabajo, muy apreciados por su firmej3za e inteligencia.

La mayoría de los caballos salvajes o asilvestrados del mundo sobreviven en parte porque viven en lugares aislados (*véase* arriba), ya sea en las Grandes Llanuras de Norteamérica, en las estepas remotas de Mongolia o en los páramos pantanosos de Gran Bretaña. El contacto con el ser humano puede generarles serios problemas, aunque a veces los humanos también ofrecen salvavidas. Muchas personas velan por que los caballos salvajes puedan seguir disfrutando de una vida en manada en libertad. Los caballos salvajes, antaño numerosos, hoy resultan mucho más difíciles de ver, pero es importante que sepamos que aún están ahí, y que en sus pasos resuenan los cascos de sus antepasados, en un mundo moderno donde la auténtica naturaleza salvaje sufre una destrucción constante.

Por su ascendencia salvaje, los caballos domésticos también son más felices en manada. Así, cuando veamos caballos pastando en un campo, relajados y manchados de barro, podemos estar seguros de que es lo más cerca que pueden estar de su hábitat natural. Al interactuar con ellos, debemos tener presente el concepto de manada y la sensación de seguridad que les aporta un liderazgo seguro y tranquilo, para que tanto el adiestramiento como la monta sean más placenteros tanto para el caballo como para el jinete.

El caballo espiritual

Folclore, mitos y leyendas

«De nuevo escuchamos el estruendo de los cascos, pero estos caballos no corren por simple diversión. Algo les ha llamado la atención, alzan la cabeza y ensanchan los ollares, sienten algo que nosotros no vemos. Remontan una pequeña colina, dan vueltas, se detienen. Algunos resoplan, con las orejas levantadas. Todos se concentran en la media distancia. Ya se ha acabado todo. La yegua líder sacude la cabeza, dobla las rodillas para revolcarse por el suelo, y los demás hacen lo mismo. Luego se levantan todos y empiezan a pacer, la emoción del momento ya olvidada. Un potro, incapaz de serenarse todavía, brinca alrededor de su madre, con la cola erguida como una pluma, antes de acomodarse a su lado.»

El espíritu del caballo, su naturaleza esencial, nos emociona sin que acabemos de entender por qué. Hay algo en la mirada del caballo, el porte de la cabeza, su actitud alerta o relajada que nos llama la atención. Los caballos corren a más velocidad de la que nosotros jamás podríamos llegar a alcanzar: el viento agita sus crines mientras el paisaje se despliega bajo sus cascos. Evocan sueños de libertad en plena naturaleza, el romanticismo de un paseo a caballo al atardecer, las emociones de la exploración, la tensión del gran salto, el peligro de cruzar un ancho río. No necesitamos saber mucho sobre caballos para apreciar que tienen una fuerza y una potencia a las que nosotros jamás podremos aspirar, y que nos resultan inspiradoras.

A lomos del caballo, el hombre ha realizado viajes que parecían imposibles, lo cual dice mucho del espíritu humano, pero tampoco hay que subestimar el espíritu equino. ¿A qué nos referimos exactamente con «espíritu»? No solo se trata de las cualidades físicas combinadas del caballo, ni del carácter individual que sin duda posee cada animal. Esa cualidad indefinible que hace que un caballo sea diferente de cualquier otro animal ha inspirado a escritores, artistas y narradores desde tiempos inmemorables.

Buena parte de lo que entendemos por espíritu en el caballo se refiere a su sensibilidad. Posee sentidos sutiles y agudos de los que, como animal de presa, depende su supervivencia. Los caballos tienen una identidad de grupo y, en algunos aspectos, una conciencia grupal gracias a la cual perciben el estado de ánimo de sus compañeros equinos o su adiestrador humano. Un caballo nota si el

jinete se siente seguro de sí mismo o tiene miedo, si realmente está relajado o quiere aparentarlo. Un caballo que conozca bien a una persona también sabrá si está preocupada, triste o agitada, y todos esos estados de ánimo influyen en la seguridad de la pareja formada por el humano y el caballo.

Un caballo decidido puede asumir el control de la situación y emprender la marcha con seguridad, pero uno nervioso se volverá más tímido, más inquieto y necesitará que el jinete tome las riendas, tanto en sentido literal como figurado. Estas suti-

lezas son las que hacen que el espíritu del caballo resulte tan cautivador: el caballo es un reflejo de su adiestrador, y así podemos reconocer nuestros puntos débiles y nuestros puntos fuertes en el modo en que nuestro caballo nos responde.

A los caballos les encanta correr (*véase* arriba). El placer que les aporta la velocidad se hace evidente cuando están en libertad con otros caballos y corren juntos por el campo, de un lado para otro, sin razón aparente. Saltan y juegan con brío, se persiguen unos a otros, simulan peleas. Del mismo

modo, un caballo indómito o asustado se expresa con energía a través del movimiento. Resulta apasionante disfrutar de la potencia y la velocidad de los caballos: la emoción de montar en un animal veloz es quizá lo más parecido a volar que podamos sentir. Pero también puede intimidar, y es que el riesgo que supone confiar en un animal grande y veloz forma parte de la euforia.

Cuando conseguimos conectar con el espíritu del caballo y establecer una relación de cooperación, esta experiencia se intensifica. No sorprende,

pues, que jinetes de todo el mundo siempre hayan aspirado a la sensación de formar una unidad con el caballo. El ser humano ha canalizado esa capacidad de movimiento atlético y velocidad hacia las carreras, el salto ecuestre y el raid, así como la equitación por simple placer. Un caballo plenamente comprometido en la relación de cooperación también dará lo mejor de sí y se esforzará por correr más rápido, saltar más alto y resistir más tiempo. Son relaciones únicas inspiradoras que van más allá del adiestramiento o la técnica.

Página siguiente: *La energía que emplea este caballo para saltar con las cuatro patas a la vez se canaliza y refina mediante los movimientos controlados de la doma clásica.*

En cambio, un caballo brioso, con demasiado espíritu, no es siempre algo positivo. Cualquiera que quiera comprar un caballo sabe que un anuncio de un caballo brioso supone, por lo general, un gran reto. El término «brioso» suele implicar que el caballo tiene un carácter fuerte, por lo que no resultará adecuado para un jinete novato o inseguro. En el pasado, cuando el control sobre el caballo se veía como una metáfora del autocontrol, la capacidad para dominar un animal brioso era una especie de prueba: cuanto más difícil era el caballo, mayor era el reto. Pero esa actitud se asocia a conceptos de dominación que ya no resultan atractivos para el jinete moderno. Hoy día se presta más atención a crear una relación de cooperación con el caballo, a ser un líder seguro, pero no dominante, y a adoptar un enfoque relajado y considerado. La imagen de un caballo con los ojos en blanco, mordiendo un bocado, resistiéndose al jinete y finalmente sometiéndose a otra persona más fuerte forma parte de una tradición ya antigua.

Ahora, un jinete experto no verá al caballo brioso como un animal al que dominar, sino que verá esa energía como un potencial que puede canalizarse en un buen rendimiento. El caballo enérgico es la elección para los ambiciosos que buscan establecer una relación de cooperación con un compañero digno capaz tanto de liderar como de obedecer cuando sea necesario.

Al montar un caballo enérgico, por ejemplo, el jinete puede delegar tranquilamente la responsabilidad a la hora de atravesar un terreno peligroso, pues sabe que el caballo tiene suficiente sentido común e inteligencia para encontrar una ruta segura. El jinete puede exigir mayor esfuerzo a estos caballos ante una situación de emergencia o en una competición, y puede tener la certeza de que el caballo responderá.

Esto no significa que los caballos tranquilos o dóciles carezcan de espíritu, simplemente son más maleables. Son los compañeros ideales para nuestros hijos, para dar confianza a jinetes inexpertos, pasear tranquilamente por el campo, para una sesión de equinoterapia con personas discapacitadas o para programas de desarrollo personal con jóvenes. Suelen ser jacas dóciles y pacientes de ojos dulces, cernejas peludas y crines densas, o bien caballos más viejos con experiencia que ya han hecho y visto de todo. En ocasiones pueden llegar a un buen galope, pero enseguida recuperan la calma.

Uno de los aspectos más maravillosos del caballo es su capacidad para entender y proteger a las personas. Incluso el animal más brioso se mostrará dócil con un niño, y existen numerosas historias de caballos que han defendido a su compañero humano, que han ido en busca de ayuda en una situación de emergencia, o que han alertado a las personas de un fuego o una tormenta que se avecinaba.

Mitos y leyendas

El caballo también se considera un animal espiritual, pues su sensibilidad le permite percibir aspectos del mundo de los que los humanos no somos conscientes. En combinación con su imponente presencia y belleza, esta cualidad ha hecho que los caballos figuren desde siempre en mitos y leyendas, e incluso a veces han estado relacionados con la religión y lo divino, como símbolo de misterios ignotos. A menudo aparecen caballos en historias con una dimensión espiritual como animales prodigiosos capaces de cruzar la frontera entre la realidad y la fantasía.

En el budismo tibetano, el Lungta o «caballo de viento» es un animal mítico que combina la velocidad del viento con la fuerza de un caballo para llevar las oraciones al cielo. Se asocia con energías positivas, la buena fortuna y el camino hacia la iluminación. A un nivel más profundo, está relacionado con el elemento del espacio y es la figura central a través de la cual interactúan los demás elementos —viento, tierra, fuego y agua—, todos ellos representados por animales. En el nivel más profundo, representa la energía sutil o fuerza vital del cuerpo sobre el que cabalga la mente, que guía y controla los pensamientos. Las banderas de oración tibetanas, también conocidas como «caballos de viento», incluyen a menudo imágenes de cinco animales: el tigre, el león de la nieve, el ave Garudá y el dragón

en las cuatro esquinas, y el caballo en el centro. Se cuelgan de altos mástiles en días especiales para que la brisa haga llegar a todos las oraciones y las bendiciones.

En muchas culturas, el caballo simboliza poder, resistencia, lealtad bajo presión, espíritu inquebrantable y libertad. Los caballos a veces se ven como guías espirituales y animales totémicos que facilitan el tránsito al mundo de los espíritus. También pueden ser figuras sobrenaturales, compañeros de los dioses, que cruzan del día a la noche y de la vida a la muerte. La paradoja del caballo como animal capaz de vivir sin ninguna necesidad del hombre pero que permite ser domesticado es un enigma resuelto en numerosos cuentos populares donde el caballo desempeña una función de ayudante y mentor. En el folclore y los relatos chamánicos también se asocia a los caballos con la libertad, la huida o la fuga.

En la mitología griega clásica, la diosa Deméter retó a Poseidón a crear el ser más hermoso jamás visto. A partir de la espuma de las olas, el dios del mar creó el caballo. Al igual que otros dioses, el propio Poseidón adoptaba a menudo la forma de un caballo, un disfraz de lo más adecuado ya que, para los antiguos griegos, el caballo simbolizaba potencia, majestad, lealtad y sabiduría. En la mitología griega, los caballos inmortales son habituales como presentes, creaciones o descendencia de los dioses

Izquierda: *La velocidad y el instinto salvaje de los caballos acentúan su vínculo con los elementos. Como el viento o la lluvia, nunca son del todo predecibles, aunque creamos que los conocemos bien.*

Se atribuye a Atenea, la diosa de la sabiduría, la invención del bocado, como símbolo de la necesidad de control en su función de guardiana del mundo civilizado.

En las mitologías griega, romana, nórdica, iraní e hindú, grupos de caballos surcan los cielos tirando de los carros del sol y de la luna, al alba y al ocaso. Destacan por sus pelajes brillantes, el sonido de sus cascos y una velocidad impresionante que garantiza el paso seguro del día a la noche.

El sudor que gotea de la crin o la brida del caballo que tira del carro de la noche en la mitología escandinava crea el rocío de la mañana.

En la tradición védica india, la novia del dios Sol viaja en un carruaje nupcial que representa su espíritu, cubierto por un dosel que simboliza el cielo, y tirado por dos caballos, para reunirse con su esposo.

En la antigua tradición nórdica y en la alemana, es la diosa Sol quien surca los cielos en su carro, el propio sol, tirado por dos caballos, protegidos de su calurosa misión por fuelles a sus espaldas.

La velocidad del caballo ha dado pie a historias que lo relacionan con los elementos. En una leyenda islámica, Alá ordenó al viento del sur que se condensara para crear el caballo; según algunas versiones, recogió la neblina resultante con la mano para infundir vida al animal.

«Grupos de **caballos surcan** los **cielos**, tirando de los **carros** del sol y de la luna, al alba y al ocaso. »

Alá colocó una estrella en el centro de la testuz del caballo para bendecirlo con fuerza, buena fortuna, fertilidad y la capacidad de volar sin alas.

En una historia similar, el ángel Yibril o Gabriel creó el caballo a partir de una nube de tormenta. Y hay versiones que conectan los dos relatos, según las cuales el ángel llevó un puñado del viento condensado a Alá para que lo convirtiese en un caballo.

Espíritu árabe

El caballo árabe se asocia especialmente a mitos, leyendas y la idea del espíritu. Dicen que el profeta Mahoma eligió las yeguas que serían la base de su manada probando su lealtad. Tras un largo viaje por el desierto, los animales estaban cansados y sedientos, y se dirigieron con júbilo hacia un oasis donde espejeaba el agua. Cuando empezaron a acelerar, aliviados ante la oportunidad de beber, el profeta les pidió que regresaran a él. Cinco yeguas ignoraron la sed y regresaron a Mahoma: fueron las elegidas. El profeta les presionó el cuello con el pulgar, dejando un remolino de pelo como marca de su lealtad.

Izquierda: *Las características distintivas del caballo árabe —cara cóncava, orejas elegantes, hocico entallado y ojos expresivos— se suman a su porte y belleza para darle un aura romántica salvaje.*

El caballo árabe posee una espiritualidad especial. Es la raza que encarna el *glamour* equino con mayor refinamiento y belleza. El caballo árabe es célebre por sus rasgos delicados, pero también por su gran fuerza y resistencia. Resulta fácil reconocerlo por su característica cara cóncava.

Su historia se remonta al menos 2000 años, aunque, de hecho, pueden reconocerse caballos de tipo árabe en imágenes incluso anteriores. El pueblo beduino sentía pasión por sus caballos, por lo que los trataban como un miembro más de la familia y, durante una tormenta en el desierto, se les permitía refugiarse en las tiendas con los niños. Estas atenciones desarrollaron un carácter dócil en la raza, así como gran inteligencia y afinidad con el ser humano. Como se creía que Alá creó y bendijo al primer caballo, tratarlos con especial atención parecía vital. Se creía que la protuberancia de la testuz, el *jibbah*, tenía la bendición de Alá. El ángulo arqueado del cuello, el *mitbah*, demostraba coraje, mientras que el porte alzado de la cola expresaba orgullo. Las yeguas eran especialmente apreciadas, incluso las llevaban a la guerra, pues se distraían con menos facilidad que los sementales y podían servir para llamar la atención de los caballos de los enemigos, además de estar dotadas de un valor y un brío impresionantes.

« El **caballo árabe** presenta una **espiritualidad** especial. Es la raza que encarna el *glamour* equino con mayor **refinamiento** y **belleza**. »

Mediante cría selectiva se establecieron cinco líneas de pura raza, lo que se conoce como *asil*, cada una con sus diferencias. Los caballos de la estirpe kehilan eran altos, de unos 152 cm, con una profundidad de pecho impresionante y una enorme potencia, mientras que los caballos seglawi eran más pequeños y especialmente elegantes. Los de la estirpe hadban eran también animales pequeños, pero de constitución ósea fuerte y muy dóciles. Los caballos hamdani eran los más altos, de hasta 155 cm, con un perfil más recto, mientras que los de la estirpe abeyan tenían el lomo más largo y presentaban una mayor proporción de caballos tordos. Decían que los orígenes de estas cinco estirpes podían remontarse hasta las cinco yeguas fieles marcadas por Mahoma. De hecho, los pueblos nómadas del desierto mantuvieron registros genealógicos como parte de una tradición oral durante cientos de años, en los que el pedigrí se trazaba por la línea materna.

El caballo árabe es famoso por la antigüedad de su linaje, su relación con la cultura de su pueblo de origen y sus características naturales, que incluyen un espíritu refinado y sensible. Hoy es una raza consolidada en muchas disciplinas ecuestres y la más popular en raid. Gracias a su desarrollo en la dureza del desierto, su sagaz inteligencia y su predisposición a cooperar con los humanos, es un caballo idóneo para recorrer trayectos largos y complicados.

Sementales blancos

Si bien los caballos árabes presentan gran variedad de capas, el pelaje tordo posee algo de sobrenatural. Quizá por eso muchos de los caballos que aparecen en leyendas son tordos o blancos. Desde tiempos remotos los caballos blancos han tenido una importancia simbólica en la mitología, la religión e incluso la cultura popular de todo el mundo.

A menudo se les relaciona con la pureza o la inocencia, son la montura de héroes en su lucha contra el mal o representan la inspiración y la creatividad. Los caballos blancos eran sagrados en muchas culturas, se les rendía culto e incluso a veces eran objeto de sacrificio. En la mitología de los indios americanos pies negros, la deidad de la nieve monta un caballo blanco, y uno de los caballos del dios Sol navajo es de conchas blancas y esparce partículas brillantes de arena y polen sagrado que ofrece al dios cuando galopa o se sacude.

Una leyenda del pueblo yinnuwok, del extremo norte de Canadá, cuenta cómo un viejo caballo blanco dio una importante lección a un hombre cruel y codicioso. El hombre se dedicaba celosamente a su manada de caballos, pero solo mientras los animales eran jóvenes y fuertes. Cuando envejecían o enfermaban, los trataba de forma cruel. Un día, un extraño caballo, un viejo semental blanco destartalado, se unió a la manada. Furioso porque era feo y flaco, el hombre lo golpeó brutalmente y lo dejó morir. Regresó horas después para despellejarlo y aprovechar su piel. Para su sorpresa, se había marchado.

Pero aquella noche vio al viejo caballo en sueños. Su antiguo cuerpo fue cobrando fuerza poco a poco, hasta transformarse en el caballo más hermoso jamás visto, un semental fantasma con una crin resplandeciente, un pelaje blanco como la nieve y una cola espectacular. El caballo le dijo: «Si me hubieses tratado con amabilidad, te habría traído muchos caballos. Pero como fuiste cruel, me llevaré toda tu manada».

Cuando el hombre se despertó, sus caballos no estaban, y aunque buscó por todas partes, no halló rastro de ellos. Exhausto, cayó dormido, y de nuevo se le apareció el semental fantasma, que le dijo: «Si quieres encontrar a tus caballos, deberás caminar dos días más y dormir dos noches más. Están en las colinas, al este». El hombre siguió caminando, pero no lograba dar con ellos. Todas las noches el semental fantasma le animaba a continuar y le decía que sus caballos estaban cerca, pero al día siguiente buscaba en vano.

Nunca los encontró. Demasiado codicioso para dejarlos marchar y demasiado orgulloso para admitir su equivocación, pasó toda la vida vagando en su busca. Dicen que, si una noche tranquila escuchas un ruido de cascos al galope y de unos pies cansados que se arrastran, sabrás que han pasado cerca, pero no debes mirar, porque la visión de esa inútil persecución trae mala suerte.

Tormentas oscuras

En muchas culturas el caballo negro es la cabalgadura de la Muerte y a menudo se lo relaciona con el mal. No obstante, los caballos negros también pueden representar el éxito, el coraje y la sabiduría.

Una leyenda del pueblo yaqui de Arizona cuenta que un gran salto de un caballo negro permitió a un jinete atravesar una nube con su lanza. El aguacero que cayó a continuación no solo sació la sed que padecían, sino que además garantizó el suministro de agua en la región para siempre. Por otro lado, se dice que el dios Sol navajo tiene caballos de turquesas, conchas y perlas, pero opta por su caballo de carbón cuando el cielo está oscuro y tormentoso.

La asociación entre el color negro y las tormentas está muy arraigada en muchas culturas, por lo que esa asociación adicional con la fuerza de un caballo es perfectamente comprensible. Los caballos negros tienen un papel destacado en la leyenda de la cacería salvaje, un relato de fantasmas, héroes e impetuosos corceles que se cree que tiene orígenes nórdicos. Existen numerosas variantes de la historia, pero en todas las versiones un líder fantasmagórico, seguido de un caótico grupo de jinetes y perros, recorre la noche en una desenfrenada persecución, creando un tumulto de truenos, aullidos y vientos violentos.

Los caballos negros de la cacería salvaje son inquietantemente sobrenaturales. Tienen ojos como brasas al rojo vivo y arrasan la tierra que pisan con sus cascos ardientes. Siembran la devastación y provocan tormentas. A veces no tienen cabeza o extremidades, y presentan heridas o los efectos de la edad y el maltrato. En una obra de máscaras tradicional de Yorkshire (Inglaterra), el caballo del cazador canta una canción de sacrificio voluntario en la que se ofrece a morir para poderse unir a la cacería salvaje.

Los vínculos ya comentados entre las tinieblas, los caballos negros y la muerte se evidencian en la cacería salvaje, que presagia guerra, destrucción o pestilencia.

El caballo del dios nórdico Odín, Sleipnir, tiene ocho patas; se cree que representan las piernas de cuatro hombres cargando con un ataúd en un funeral. En ese sentido, Odín y Sleipnir serían recolectores de muertos. En otras versiones de la leyenda, la cacería está liderada por personajes históricos o semihistóricos, como el emperador Carlomagno o el rey Arturo.

Los caballos de la cacería salvaje galopan las noches asociadas con festividades de difuntos o cambio de estación, como el solsticio de invierno o Año Nuevo. En Noruega era tradición dejar fuera de la casa un manojo de maíz o una medida de cereales para el caballo del cazador, a fin de asegurar abundancia para el futuro. Los jóvenes se disfrazaban y recreaban la cacería, y recibían presentes similares de alimento para los caballos para asegurar prosperidad. Esta leyenda incluye una amenaza añadida, pues cualquiera que no la observara sería castigado por ignorar la tradición, y así se arriesgaba a traer mala suerte a toda la comunidad.

Derecha: *El caballo andaluz conformó la cultura del Renacimiento, cuando las cualidades nobles del jinete se probaban en su capacidad para montar un caballo brioso realzando su elegancia natural.*

Belleza ibérica

Con unas crines exuberantes y un cuerpo compacto y redondeado, el caballo andaluz parece consciente de su belleza. Este animal es el arquetipo de la majestuosidad. Por su porte y su espíritu brioso, esta raza ha sido la elección de monarcas de toda Europa desde principios del Renacimiento. Poseer uno era signo de estatus para cualquier noble, pues eran caros y difíciles de conseguir fuera de sus zonas de origen, en parte porque sus criadores eran reacios a partir con ellos. Dado su alto precio, solo estaban al alcance de los ricos. En el siglo XVII, para llevar un solo caballo de España a Inglaterra, un lord necesitaba un equipo de unos seis hombres, incluidos palafreneros, herradores y guardianes para protegerlos de posibles robos.

Un noble no solo debía exhibir su valor y porte elegante en el campo de batalla, sino también en la competitiva sociedad de la corte. La equitación como arte permitía a un hombre demostrar su liderazgo y sus capacidades físicas, y el caballo andaluz —compacto, elegante y con carácter— era la opción ideal. En el momento en que se sentaban las bases de la doma en los centros de equitación —elegantes edificios dedicados exclusivamente a aprender el arte del manejo del caballo—, estos caballos destacaban sobre todos los demás. Eran inteligentes, muy domables y elegantes en sus movimientos.

Entre sus rasgos físicos destaca una capacidad natural de reunión gracias al gran nivel de flexión de las patas traseras, que le aporta la agilidad atlética necesaria para dar los grandes saltos en los que los cuatro cascos se despegan del suelo conocidos como «aires elevados».

Uno de los grandes jinetes de la época fue William Cavendish (1593-1676), primer duque de Newcastle. Caballista apasionado toda la vida, se dedicó especialmente al caballo andaluz por su belleza, espíritu e inteligencia. Entre numerosas anécdotas relacionadas con caballos magníficos, explicaba que, durante una demostración, su caballo dio saltos tan altos y giros tan rápidos que él llegó a marearse. Existía tal grado de comunicación entre cabalgadura y jinete, que una vez montó un caballo guarnecido con tan solo un pañuelo al cuello; al final de la exhibición, unos nobles españoles que estaban de visita en su hacienda se admiraron de aquella forma de montar milagrosa.

Para el duque, los caballos andaluces eran los más nobles. Su único problema es que eran tan inteligentes que a veces podían superar al jinete. Cuando un noble envió a un criado a comprar uno de los caballos de Newcastle, aquel regresó sin el caballo pero con el mensaje de que el precio ofrecido era solo la mitad de lo que valía el gran semental. El duque añadió que, al día siguiente, el precio se habría doblado y un día después, se habría triplicado. En resumen, el caballo no estaba en venta.

Los «caballos saltadores españoles», como se les conocía entonces, eran costosos y su adiestramiento requería gran compromiso y habilidad. Sin embargo, según el duque de Newcastle, una vez adiestrados, podían montarse por placer, usarse para realizar viajes largos o llevarlos a la guerra con igual confianza. De hecho, relataba con orgullo que una persona que visitó su hacienda le comentó que a sus caballos solo les faltaba hablar para ser tan «racionales» como el ser humano. En una época en que se consideraba que los animales no tenían ninguna inteligencia, aquello era todo un elogio. El duque de Newcastle fue de los primeros escritores sobre equinos que defendió que los caballos tenían memoria, una gran capacidad de aprendizaje y una capacidad de razonamiento bien desarrollada. Creía que a los caballos había que adiestrarlos como si fueran niños, de forma tranquila, con clases breves y regulares, y con mano firme, pero sin violencia.

Página anterior: *Al igual que ocurre con muchos caballos del desierto, el espíritu y el porte del caballo andaluz parecen reflejar el sol resplandeciente y el calor intenso de su tierra natal.*

Con unas **crines exuberantes** y un cuerpo compacto y redondeado, el **caballo andaluz** parece **consciente** de su **belleza**.

La calidad constante del caballo andaluz ha destacado en el arte de la doma clásica a lo largo de la historia. La Escuela Española de Equitación de Viena debe su nombre a los caballos de raza española con los que empezó a trabajar en el momento de su fundación, a finales del siglo XVI. Los célebres lipizanos con los que trabaja ahora se desarrollaron durante todo el siglo XVIII a partir de 24 yeguas y 9 sementales de raza andaluza seleccionados con gran esmero. El lusitano de Portugal es otra raza íntimamente relacionada, algo más alta, mientras que el alter real, otra raza emparentada también de Portugal, se desarrolló para mantener el tipo barroco de caballo tan bien adaptado a la doma clásica en sus formas más avanzadas.

Si bien Andalucía es hoy una región del sur de España, hace siglos, en la época de la ocupación musulmana, al-Ándalus abarcaba casi toda la península Ibérica. Por lo tanto, pese a que habitualmente se habla del caballo andaluz, sobre todo fuera de la frontera española, la Asociación Nacional de Criadores decidió en 1912 que Pura Raza Española era una denominación más precisa.

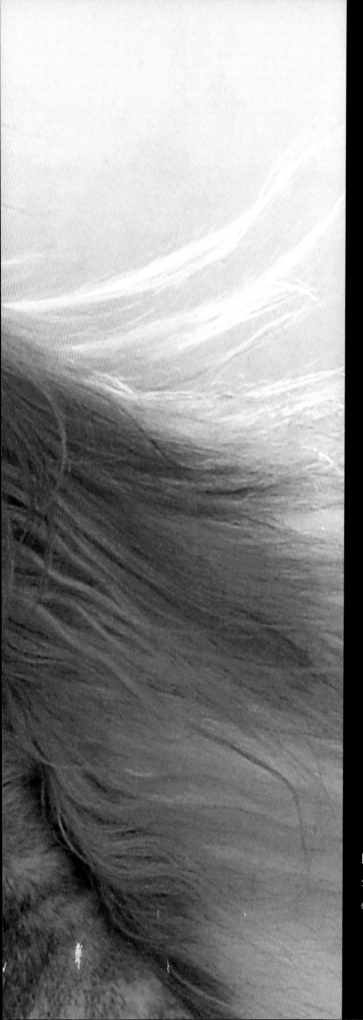

Brioso, espiritual… Nos resulta imposible definir qué entendemos por «espíritu del caballo», pero de lo que no cabe duda es de la importancia del caballo en las leyendas, los mitos y los cuentos populares de todo el mundo. Su impacto en el ser humano es profundo a múltiples niveles. Para los narradores, chamanes y buscadores de la verdad de todo tipo, es necesario explorar esa conexión esencial. Todas las ideas, historias y creencias que han surgido en torno a este animal revelan una cosa cierta: en lo más profundo de nuestro ser, las personas necesitamos al caballo.

Izquierda: *Nuestra incapacidad para definir qué significa exactamente el «espíritu del caballo» explica en parte la atracción que sentimos por este animal.*

El caballo físico

Fuerza y belleza

>> Los caballos, relajados bajo los árboles, menean las colas con los ojos entrecerrados. Nos dejan pasear entre ellos de buen grado. Hablamos en voz baja antes de acariciarles la grupa redondeada y la larga línea del cuello, notando el potencial distendido de sus músculos. Una yegua está más alerta que las demás, vigilando el entorno con un ojo tranquilo. Nota que estamos a su lado y gira la cabeza para vernos mejor mientras acariciamos a su potro, atraídos por sus simpáticos bigotes. Sabe que no suponemos ninguna amenaza, por lo que recupera su estado de vigilancia informal, con la oreja ligeramente inclinada hacia nosotros, como única señal de que se mantiene alerta. >>

La presencia física del caballo es imponente: su fuerza muscular, una cola y crines largas, y las elegantes formas de su cuerpo nos impactan indefectiblemente. El caballo, uno de nuestros animales domésticos más grandes, combina de forma única potencia, belleza y un carácter afable innato en un mismo animal. Estos rasgos favorecen que establezcamos relaciones especiales con los caballos. Algunos simplemente nos inspiran al contemplarlos desde la distancia, mientras que otros son íntimos compañeros que desempeñan funciones clave para el trabajo o participan en muchas de nuestras actividades de ocio. Con frecuencia llegan a convertirse en un miembro más de la familia. La estrecha relación que puede forjarse entre este animal, grande y fuerte, y una persona, frágil en comparación, es uno de los aspectos más fascinantes e inspiradores de nuestra historia cultural. La naturaleza y el espíritu del caballo son factores cruciales en esta relación, pero sus complejos atributos físicos son igualmente relevantes.

El caballo es un animal de pastoreo provisto de dientes que tanto cortan como trituran. Tiene los ojos en una posición elevada en el largo cráneo, para poder ver el peligro mientras pace, y las orejas en lo alto, para poder oír bien con la cabeza agachada. El fino pelo que recubre las orejas impide que le entren objetos extraños, y su suave hocico está recubierto de pelillos que le ayudan a detectar el mejor pasto. Posee un olfato muy sensible que le permite localizar agua a kilómetros de distancia; el caballo reaccionará enérgicamente a olores desconocidos, sobre todo aquellos que pudieran indicar la proximidad de un depredador. Los caballos huyen del peligro y, gracias a la forma de los cascos, pueden correr velozmente sobre terrenos variados. Unas patas largas con una estructura ósea relativamente sencilla y un casco único han evolucionado

Página anterior: *Las orejas de esta yegua revelan que percibe sonidos en más de una dirección. Su expresión intranquila y su postura sugieren indecisión acerca de su próximo movimiento.*

para favorecer la velocidad, mientras que la agudeza de sus sentidos le permite ser muy consciente de lo que le rodea y estar siempre preparado para hacer un movimiento rápido, potenciado por músculos grandes concentrados en la parte superior del cuerpo para mayor velocidad y agilidad.

Al igual que ocurre con la mayoría de los animales sociables, la postura del caballo refleja su estado de ánimo. El más mínimo movimiento de una oreja basta para que otro caballo capte y entienda la señal. El oído externo, de cartílago, tiene forma de embudo para captar sonidos a gran distancia, a frecuencias tanto más altas como más bajas de las que capta el ser humano. Dado que las dos orejas se mueven de forma independiente, pueden oír sonidos de diferentes direcciones al mismo tiempo. Las orejas revelan el nivel de atención y el estado de ánimo de un caballo de tal modo que sirven como indicador de precisión para cualquiera que trabaje con caballos.

Normalmente se afirma que, si las orejas apuntan hacia delante, el caballo está de buen humor y, si apuntan hacia atrás, de mal humor. Sin embargo, no es necesariamente así, pues se trata de algo mucho más complejo. Un caballo con las orejas hacia delante está prestando atención a lo que tiene enfrente y si, además, tiene la cabeza erguida, puede sentirse alarmado o inseguro de lo que oye. Las orejas del caballo pueden girar en todas las direcciones y no es extraño ver a un animal con una oreja hacia delante y otra hacia atrás,

lo cual indica que su atención está dividida. Si bien es cierto que un caballo puede echar las orejas atrás para mostrar su enfado, también puede girarlas un poco hacia atrás para escuchar o para demostrar sumisión. Si el caballo está dormitando, las orejas también se le pueden caer suavemente hacia atrás, o a veces a los lados, pero entonces se trata de un gesto relajado, muy diferente del aspecto de un caballo con las orejas planas de ira o miedo.

La cola es otro buen indicador del estado de ánimo del caballo: al igual que ocurre con las orejas, la posición de la cola altera la silueta global del equino. La postura corporal es un útil método de comunicación que puede informar o alertar a otro caballo a distancia. Una posición elevada de la cola suele indicar agitación, tanto por alborozo como por alarma, o también puede formar parte de la conducta de apareamiento entre machos y hembras. Asimismo, puede indicar que un caballo está a punto de huir. Una cola relajada indica que el caballo está tranquilo, mientras que una cola recogida puede significar miedo o actitud defensiva, o tal vez que el animal no se encuentra bien o se siente intimidado y puede estar a punto de dar una coz. Cuando el caballo agita la cola, quizá simplemente esté espantando alguna mosca pesada, pero también puede ser un signo de irritación o molestia, o de incomodidad. Si al montar a caballo este agita la cola y se muestra irritable, es que tal vez los arreos le molestan o están mal puestos, o quizá padece un problema físico que le causa dolor o le impide relajarse mientras trabaja.

Con la mayoría de estas señales, el grado de tensión es la clave para saber si se trata de un comportamiento casual, una señal de advertencia o la expresión de un malestar físico.

La postura corporal influye en el perfil del caballo y envía una clara señal visual a otros equinos próximos. Es posible que, tras sacudir o agitar la cabeza, un caballo se encabrite, lo cual revela frustración y miedo, mientras que torcer el cuello es un gesto de irritación y descontento que suele verse cuando el animal no se atreve a dar rienda suelta a su ira real. Si un caballo levanta tanto la cabeza como la cola, el resultado será una silueta curvada y un movimiento de paso alto que indican agitación, mientras que unos movimientos bajos y moderados reflejan serenidad y relajación, señales a las que tanto los caballos como las personas reaccionarán de forma instintiva.

Un caballo relajado tendrá los ojos entrecerrados y la cabeza más o menos al nivel o algo por debajo de la cruz (lo que sería el hombro), presentará una silueta suave, y en muchos casos descansará sobre un anca y apoyará en el suelo la pezuña opuesta. Cuando ese estado de relajación pasa a adormecimiento, la articulación de la babilla (equivalente a la rodilla del hombre) de la pata de apoyo se bloquea para no caer. Ese bloqueo se mantiene por la acción de los ligamentos de la articulación de la babilla que el animal activa al rotar la rótula.

La **postura corporal** influye en el perfil del caballo y envía una **clara señal visual** a **otros equinos** próximos.

Agilidad natural

Los movimientos de la doma clásica, en especial los saltos de escuela, se basan en las acciones y las poses que adoptan los sementales para exhibirse ante las yeguas o para impresionar a un rival: hinchan los músculos, arquean el cuello y alzan los cascos. El semental parece flotar en el aire mientras salta para presumir de porte y coraje. Si bien esas poses masculinas forman parte del comportamiento específico de los sementales, las yeguas y los caballos castrados pueden moverse del mismo modo cuando se excitan, por ejemplo, por la llamada de otros caballos o el ruido de sus cascos al galope.

Volverse para dar una coz, a veces con las dos patas traseras, es un movimiento de defensa que puede observarse con cierta frecuencia en los grupos domésticos donde el espacio es limitado. Un caballo que no sea lo bastante fuerte para hacer frente a otro equino abusón, pero con suficiente confianza para protestar si se siente avasallado, normalmente optará por cocear con las dos patas traseras. También pueden verse coces entre caballos jóvenes jugando. La verdad es que una buena coz con las dos patas traseras es algo que hay que tener en cuenta. Y está claro que los caballos adaptan sus respuestas en función del tono general de la confrontación.

Cuando dos caballos se están conociendo, o cuando se reúnen dos viejos amigos, se revuelcan por el suelo y galopan juntos, brincan y juegan a pelearse, a menudo entre ruidosos relinchos, mientras se tocan nariz con nariz y resuellan. Se olisquean primero con un ollar, luego con el otro, para descifrar el olor en diferentes partes del cerebro. Esto lo hacen para elegir el alimento, localizar el peligro, establecer vínculos con otros caballos o durante el apareamiento. Si un olor le confunde o suscita un interés especial, arrugará el belfo superior al tiempo que estira la cabeza y el cuello. Se cree que esta acción, conocida como reflejo de Flehmen, permite al caballo comprender mejor el olor y posibles feromonas asociadas. Consiste en realizar una respiración profunda hasta el órgano olfativo que se encuentra sobre el paladar a través de un conducto situado justo detrás de los dientes incisivos.

Página anterior: *Con este tipo de corcovo cualquier jinete saldría volando por los aires. En esta imagen también se aprecia la potencia necesaria para realizar los impresionantes saltos de la doma clásica.*

Derecha: *Lo ideal es que el jinete complemente el equilibrio natural del caballo en una asociación humano-animal, como si de un centauro se tratara.*

Podemos montar cómodamente a caballo sin hacer daño al animal gracias a su estructura esquelética y muscular. El jinete se sienta sobre un complejo conjunto de músculos y ligamentos, largos y fuertes, que protegen la columna vertebral del equino. No obstante, su constitución evolucionó para correr, no para cargar peso, por lo que, para el bienestar del caballo, es fundamental que el jinete distribuya su peso de forma uniforme con una silla que se ajuste bien, una posición equilibrada y un correcto entrenamiento.

El lomo del caballo hace de puente entre los cuartos delanteros y traseros. Formado por las vértebras, pequeñas articulaciones adicionales, ligamentos y unos potentes músculos abdominales, aporta estabilidad al espinazo, pero no mucha flexibilidad. En cambio, las vértebras cervicales, situadas a cierta profundidad de la línea superior del cuello, son muy flexibles, pues han evolucionado para permitir al animal estirar la cabeza hasta los árboles, pastar en el suelo y acicalarse. Durante el adiestramiento, los músculos largos del cuello le ayudan a equilibrar el peso adicional del jinete, aunque el lomo y los cuartos traseros también han de trabajar activamente. Así, el cuello se arqueará hacia abajo de forma natural al caminar hacia delante, para elevar los músculos del lomo y soportar mejor el peso del jinete. No es posible obligar al caballo a equilibrarse mediante las riendas, por lo que si se inclina en exceso forzado por la firmeza de la mano del jinete, nunca se moverá de forma tan eficiente ni elegante como podría.

De este modo también existe riesgo de lesiones a causa de un desarrollo desigual del músculo, además de que el animal se encontrará incómodo e inquieto.

Cuando un caballo se mueve relajadamente, soportando su propio peso de forma uniforme, irá equilibrado (*véase* arriba). Con el peso adicional de un jinete, intentamos recrear ese equilibrio natural. Un caballo no sacude la cabeza en vertical ni aprieta los dientes a no ser que se sienta descontento, y lo mismo es aplicable cuando carga con un peso.

Para tirar de un arado o un carro pesado, se mueve de otro modo: echa su peso adelante, hacia los arneses, y sitúa las patas traseras bajo el cuerpo, como si subiese una pendiente. Observar cómo se mueve un caballo suelto puede ayudarnos a determinar la mejor manera de ayudarle a tirar de un carro o a transportar una carga con seguridad.

Las dimensiones de la caja torácica, del cuerpo y de las patas permiten al caballo transportar una carga o tirar de ella con velocidad y vigor. Pero estas características evolucionaron por una cuestión

de supervivencia. Las patas largas le permiten correr para huir del peligro siguiendo sus instintos o pasear por praderas sin que la hierba alta le dificulte la visión. La profunda caja torácica contiene un corazón y unos pulmones grandes para satisfacer la necesidad de velocidad inmediata, mientras que el tamaño del abdomen le permite comer plantas que requieren una larga digestión. El caballos es rumiante, como la vaca o la oveja, por lo que posee diversos compartimentos en el estómago: así digiere parcialmente el alimento antes de regurgitar el bolo alimenticio para seguir masticándolo hasta descomponerlo en materia digestible. Pero tiene un solo estómago, por lo que necesita comer continuamente pequeñas cantidades de alimento, con tan solo algunos breves periodos de descanso. Por eso, un régimen de establo basado en tres comidas al día con largos periodos de inactividad del sistema digestivo no es bueno para un animal doméstico, pues puede provocarle un cólico, una dolorosa afección gastrointestinal que puede llegar a ser mortal, o complejos trastornos metabólicos.

La mayoría de los pastos modernos se crearon para ganado vacuno u ovino, y suelen ser demasiado ricos para los equinos. La evolución natural de los caballos se basó en pastos más bien escasos, por lo que una repentina exposición a tal abundancia de hierba puede provocar una sobrecarga digestiva, causante de problemas como el cólico y la laminitis (inflamación de los cascos). Por lo tanto, aun cuando pastan libremente todo el día, pueden padecer problemas de salud.

El entorno ideal para los caballos es aquel en el que tengan acceso a una gran diversidad de hierbas, arbustos y árboles, además de pasto, donde puedan buscar comida variada para seguir una dieta equilibrada. Lo mejor es que incluya terreno duro, blando y pedregoso para acondicionar los cascos. Asimismo, deben disponer de agua corriente y cobijo para resguardarse de las inclemencias del tiempo. Esta combinación de requisitos puede resultar complicada para muchos propietarios, pero si al menos tenemos presente la configuración ideal, podremos sacar el máximo partido de lo que tengamos para garantizar que nuestros caballos disfruten de una buena salud.

Derecha: *Este precioso caballo árabe parece disfrutar de la vida en un entorno que se aproxima al ideal: hierba natural en cantidad abundante, sin llegar al exceso, arbustos y árboles donde refugiarse.*

Izquierda: *Todas las razas desarrollan un pelaje más grueso durante el invierno, pero las de climas fríos están especialmente bien provistas. No solo el pelaje les protege del frío, también la crin, la cola y el pelo de las patas.*

Todas las estaciones

Un pelaje de verano resplandeciente es uno de los rasgos más atractivos de un caballo: indica bienestar y buena salud del animal. Pero los caballos mudan el pelaje con los cambios de estación, y ese aspecto brillante estival puede transformarse en greñas enfangadas y desordenadas en invierno. Y así es justo como debe ser: el caballo es un animal adaptable, y esa es una de las razones de su éxito. Las razas de climas cálidos o secos tienen el pelo más fino; también desarrollan un pelaje de invierno, pero no será tan largo ni tan grueso como el de otras razas de climas más rigurosos que necesitan mayor protección de la lluvia, la nieve y las bajas temperaturas.

La mayoría de los caballos poseen un pelaje de invierno largo y greñudo. Si bien muchos propietarios optan por taparlos con mantas, podría afirmarse que su protección natural contra las inclemencias del tiempo es la mejor solución. Si no se le tapa durante varios años, el caballo desarrollará un pelaje más grueso y una constitución general más fuerte para adaptarse al entorno; además, regulará mejor su temperatura corporal. La manta puede resultar útil para abrigar a un animal deli-cado, para mantener limpio un caballo de silla o para compensar el calor natural que pierde recién esquilado.

Pero también les va bien revolcarse en el barro, al menos de vez en cuando. Restregarse por el suelo les proporciona un masaje natural, les arranca el pelo muerto y estimula el crecimiento de pelo nuevo. Además, la cobertura de barro forma una barrera que les protege de vientos fríos.

La piel del caballo es tan sensible que puede sentir si se le posa una mosca encima. Muchas veces se anima a los niños a dar palmaditas a los ponis, cuando los caballos prefieren que se les acaricie o, mejor aún, que se les rasque. Si encontramos uno de sus puntos favoritos, normalmente a lo largo de la crin o en el cuello, el caballo se estirará, se inclinará para que le sigamos rascando y, si tenemos suerte, incluso tal vez quiera rascarnos a su vez con los dientes. Si bien puede resultar algo incómodo que un caballo de dientes grandes nos rasque efusivamente, a muchos propietarios les encanta que su caballo decida rascarlos. El aseo mutuo es un signo de confianza y forma parte de la convivencia relajada que forja vínculos en una manada.

Pelajes rizados

El poni bashkir, originario de las estribaciones meridionales de los Urales, se encuentra entre las razas de montaña de las estepas euroasiáticas que desarrollan un pelaje rizado, en vez del pelaje largo de invierno de la mayoría de las razas. Estos ponis viven en un hábitat extremo, donde la temperatura en invierno puede bajar hasta los −30 °C. Al igual que muchas razas autóctonas, están perfectamente adaptados a esas condiciones y se han convertido en un elemento clave de la economía y la forma de vida local. Su pelaje rizado se carda y se utiliza para tejer mantas y prendas de vestir. Las poblaciones locales crían estos pequeños animales para aprovechar su leche, su carne y su «lana», además de utilizarlos como ponis de silla, de tiro y de carga.

La larga historia de los equinos de pelaje rizado de las estepas rusas experimentó un giro inesperado cuando se encontraron caballos de pelaje rizado entre las manadas de mustangs de Nevada, en Estados Unidos. Se cree que las tribus siux y crow los criaron a partir del año 1800, y a finales de siglo ya eran parte de las manadas de los ranchos.

En la década de 1930 un invierno excepcionalmente duro dejó al ganado atrapado en las montañas de Nevada, donde los caballos de pelaje rizado fueron los únicos que sobrevivieron. A partir de entonces se criaron por su resiliencia, su temperamento y su fortaleza, así como por sus características excepcionales. Pero nadie ha descubierto el secreto de su origen ni su posible parentesco con los ponis bashkir. Las investigaciones prosiguen y, dado que las pruebas genéticas cada vez son más refinadas, no cabe duda de que se acabarán encontrando respuestas a este enigma.

Se les conoce como caballos bashkir rizados americanos y presentan diferentes capas. Son más altos que las razas euroasiáticas, pero comparten los gruesos rizos que dejan paso a un pelaje de verano suavemente ondulado, así como una densa crin doble, que les cae a ambos lados del cuello. También pueden ser onduladas las crines, la cola, el pelo del interior de las orejas e incluso las pestañas. Según cada caballo, el pelaje puede presentar desde un suave ondulado hasta unos rizos muy marcados. Algunos se consideran «rizados extremos», dada la excepcionalidad de los rizos. Hay ejemplares que mudan la crin y la cola casi por completo cada año, y al siguiente ya les vuelve a crecer. Todos comparten la cualidad aún más excepcional de ser hipoalérgicos, es decir, los pelajes rizados no provocan alergias a las personas.

Visión del mundo

Como todos los animales de presa, el caballo desarrolló un sentido de la vista agudo para poder detectar a los depredadores con tiempo para escapar. Tiene unos ojos grandes situados a los lados de la cabeza, lo cual le aporta una amplia visión periférica, gracias a la que puede ver casi todo a su alrededor. Incluso si un depredador acecha entre la hierba o se acerca sigilosamente por detrás en diagonal, el caballo está preparado para verlo. En cambio, si el depredador se acerca de frente o justo por detrás, el caballo es vulnerable. La posición lateral de los ojos crea un punto ciego justo delante y otro justo detrás del animal. El punto ciego frontal hace que el caballo no nos vea si nos colocamos justo enfrente o que no vea un salto en las últimas zancadas de aproximación. El punto ciego posterior supone que su máxima vulnerabilidad son las aproximaciones silenciosas por detrás.

Esto explica por qué siempre se advierte a los jinetes principiantes que se aparten de las patas traseras del caballo. No es que los caballos sean agresivos o peligrosos por naturaleza, sino que, por instinto, darán una coz ante una presencia repentina o un contacto inesperado por detrás. Y sus potentes patas traseras son la forma más efectiva de espantar a un depredador que merodea cerca de los cuartos traseros. En cambio, es poco probable que un caballo relajado dé una coz a una persona si está acostumbrado a tratar con humanos y el adiestrador habla en tono tranquilizador o no deja de tocarlo con una mano mientras se mueve, ya que eso le permite saber dónde se encuentra la persona con respecto a su propio espacio.

El alcance del punto ciego frontal es de tan solo unos 90 cm. Sin embargo, si un caballo mira hacia delante, el punto ciego posterior, algo más ancho que el cuerpo del animal, se extiende hasta el infinito. Esto puede provocarle pánico si se asusta por culpa de un coche que no ha visto o un ruido desconocido, pues todos sus sentidos le indican que hay un peligro detrás y debe huir tan rápido como sea posible. Un caballo que esté atado o sujetado por unas riendas tensas no podrá volver la cabeza ni el cuerpo para ver qué ocurre, lo que explica una agitación que, de otro modo, podría parecer excesiva.

Las dimensiones del ojo del caballo le permiten captar la máxima información visual en amplias distancias o con poca luz. Los caballos se mueven con seguridad en la oscuridad al aire libre, y también se defienden bien en un establo a oscuras una vez que se les acostumbra la vista. Si se enciende una luz, parpadearán. Y a algunos animales les molesta la luz intensa del sol, sobre todo si tienen los ojos claros debido a su capa.

El ojo del caballo ve el mundo de una forma distinta a nosotros. Una pupila horizontal, y no redonda, ocupa el centro del ojo. Esto proporciona una vista muy aguda en distancias cortas y medias, mientras que el área exterior detecta movimientos.

Cuando el caballo detecta movimiento, moverá la cabeza para enfocar mejor. Gracias a su visión tanto monocular como binocular, puede ver algo a un lado con un ojo y, al mismo tiempo, enfocar ambos ojos para ver lo que tiene delante. A veces un caballo se mueve por eso: tras ver algo con un ojo, puede volver a mirarlo con los dos ojos para realizar una valoración más completa y obtener así una mejor percepción de profundidad. Asimismo, es posible que quiera tocar con la nariz un objeto desconocido —un sentido adicional le puede aportar información sobre lo que le rodea—, o quizá se niegue a acercarse a algo si no le parece seguro.

Un caballo nervioso con la cabeza erguida no puede ver el suelo, por lo que podría tropezarse, sobre todo si un jinete también nervioso sujeta las riendas con demasiada tensión. Esto puede agitar al animal, ante lo cual el jinete sujetará las riendas con más tensión todavía, y así aumenta el nivel de riesgo. Siempre conviene dejar que el caballo pueda mirar lo que le alarma y comprobar el terreno que pisa. Asimismo, ayuda que el jinete aparte la mirada del objeto que preocupa al caballo, ya que así este notará el punto de atención del jinete, su posición corporal y un nivel general de relajación. Si el jinete no parece preocupado por la situación, es más probable que el caballo también se relaje.

El caballo puede ajustar su percepción de profundidad levantando, agachando o ladeando la cabeza. Puede parecer que se mueve de una forma muy extraña, hasta que entendemos que está enfocando un objeto. A veces, para ver mejor algo que está a su lado, el caballo arquea todo el cuerpo o inclina lateralmente la cabeza. Si impedimos este movimiento natural mientras montamos a caballo, podemos provocar que se sienta intimidado o asustado ante un objeto extraño. Basta con permitir ese ajuste corporal para ayudar al animal a sentirse más seguro en esas situaciones de alarma. Algunos caballos se asustan más fácilmente que otros: la explicación podría ser un problema de visión, aunque también influye el temperamento y la experiencia individual.

Diseñado para la velocidad

La capacidad de los caballos para correr es fruto de la evolución natural, pero también es cierto que se ha practicado cría selectiva para conseguir que sean especialmente veloces. Con el tiempo, muchas razas se han desarrollado con el propósito expreso de mejorar su velocidad, como es el caso del caballo cuarto de milla americano y el del purasangre inglés.

El cuarto de milla es muy versátil, con reputación de buen caballo vaquero, y también popular en muchas disciplinas ecuestres. Elegante y muy veloz, se desarrolló a partir de la misma base ibérica que el mustang, cruzado con «caballos de carreras» de diferentes razas nativas que llegaron a Estados Unidos con los colonos ingleses en los primeros años del siglo XVII. Su nombre se debe a la fama que adquirió por la impresionante velocidad que alcanzaba en las carreras de un cuarto de milla (402 metros) que se organizaban en las plantaciones —o incluso en las calles— del estado de Virginia. El portentoso desarrollo muscular de los cuartos traseros permite hacerse una idea de su gran capacidad de propulsión, mientras que un cuerpo compacto y fornido con una cabeza elegante contribuyen al porte atlético de la raza. Gira con asombrosa agilidad, por lo que a día de hoy sigue siendo el principal caballo en los ranchos. Es la raza más popular de Estados Unidos y cuenta con el mayor registro genealógico del mundo, frente a muchas otras razas de trabajo catalogadas ya como raras o en peligro de extinción.

El caballo purasangre inglés también se desarrolló a partir de los «caballos de carreras» del siglo XVII, pero los criadores británicos orientaron sus caballos en una dirección totalmente distinta. Si el caballo cuarto de milla es un enérgico velocista de poca alzada, el purasangre es más alto y delgado. Este animal largo y esbelto se concibió para carreras de 4 millas (6,4 km) o distancias superiores, a veces con vallas.

Las carreras de caballos han sido un deporte popular en Gran Bretaña desde la Edad Media, y a partir del siglo XVII empezó a relacionarse con la monarquía. El rey Carlos II no solo era un gran seguidor de las carreras, además él mismo competía. Con el apoyo real creció el interés en la cría de caballos de carreras, ya no solo se pensaba en competir con los caballos disponibles. Esto sigue siendo así en nuestros días: miembros de la familia real británica, en especial la reina, siguen siendo propietarios y criadores entusiastas de caballos de carreras. Si el cuarto de milla tiene sangre española, el purasangre debe mucho al caballo árabe. Los caballos andaluces y árabes comparten linaje, por lo que sus vínculos respectivos con las razas del desierto del pasado son claros. Los cruces con caballo andaluz o árabe han ayudado a mejorar y desarrollar muchas razas, a las que aportan refinamiento, fortaleza, velocidad y predominio genético.

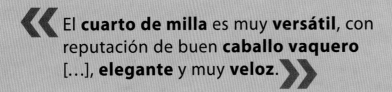

« El **cuarto de milla** es muy **versátil**, con reputación de buen **caballo vaquero** […], **elegante** y muy **veloz.** »

Izquierda: *El caballo de tiro irlandés es una raza con toda la fuerza y potencia de un caballo de tiro y la elegancia y versatilidad de un animal ideal para la equitación. Estos ejemplares disfrutan de la libertad en una playa de Connemara, en Irlanda.*

Tres sementales árabes —Godolphin Arabian, Darley Arabian y Byerley Turk— son los fundadores del purasangre inglés. Ninguno de ellos destacaba por su velocidad, pero aportaron elegancia y resistencia a los caballos de carreras criados a partir de razas autóctonas durante generaciones. A finales del siglo XVIII, esta raza de caballos de carreras ya estaba consolidada.

James Weatherby publicó en 1791 el primer libro genealógico del purasangre, *An Introduction to a General Stud Book.* En 1808 le seguiría el primer volumen de *The General Stud Book*, registro que se ha seguido actualizando y publicando cada cuatro años hasta la fecha de hoy. En Gran Bretaña, un caballo solo puede competir si está registrado en Weatherbys, y solo puede estar registrado en Weatherbys si es un purasangre. Eso significa que todo purasangre registrado tiene una ascendencia común que se remonta hasta aquellos tres sementales árabes.

Si bien es cierto que se desarrolló específicamente para las carreras, el purasangre inglés también puede usarse como caballo de silla. Al cruzarlo con razas como el caballo de tiro irlandés, añade refinamiento a estirpes más fornidas, mientras que estas aportan fuerza y robustez ósea a la delicadeza del purasangre.

Página siguiente: *La enorme fuerza del shire no le resta un ápice de velocidad ni de elegancia. De hecho, los grandes cascos de un shire al galope hacen tal estruendo que su velocidad parece aún más impresionante.*

Tamaño y fuerza

Junto con la velocidad, la fuerza es una de las características físicas más impresionantes del caballo. El mero tamaño de las razas de tiro, como el shire o el percherón, ya impone a primera vista, pero otras razas como el pequeño poni de las Shetland también son sumamente fuertes, aunque su tamaño y aspecto puedan engañarnos.

El shire puede tirar hasta dos veces su propio peso y alcanza una alzada media de 175 cm. Gracias a un profundo omóplato oblicuo y los largos músculos de los cuartos traseros, con fuertes corvejones en las extremidades, posee una enorme capacidad de tiro. Antiguamente se utilizaban tiros de estos caballos para arrastrar cargas de carbón de hasta tres toneladas. También tiraban de arados, vagones e incluso embarcaciones en canales, pues hasta la llegada de los motores de vapor los caballos de tiro suponían la mayor parte de la fuerza motriz en la agricultura y la industria.

Durante un tiempo, a causa de la mecanización, el shire estuvo seriamente amenazado, pero hoy día ha hallado una nueva función en el mundo del ocio y el patrimonio. Asimismo, ha regresado a la agricultura a pequeña escala y realiza labores de silvicultura y mantenimiento del paisaje, pues los grandes cascos de este caballo provocan menos daños que la maquinaria en medios sensibles. Los pelos sedosos de los menudillos (tobillos) de esta y otras razas pesadas, conocidos como cernejas, pro-tegen los cascos del mal tiempo, la lluvia y el barro. Pese a su gran tamaño, el shire posee un carácter tranquilo y dócil, por lo que es un caballo de silla muy admirado. Sus fuertes cascos retumban en la tierra que pisan, pero su temperamento los convierte en monturas seguras que responden bien.

El shire no es el único caballo de tiro que ha encontrado una nueva ocupación en los bosques y otros paisajes delicados. Otros animales pequeños y fornidos pueden arrastrar troncos sin dañar el resto de los árboles en áreas restringidas, dando giros cerrados y pasando por senderos estrechos.

El percherón es una raza francesa originaria del Perche, una región de Normandía, en el norte de Francia, uno de los centros de cría de caballos con más tradición del mundo. Es otra de las razas de tiro famosas por su fuerza, así como por sus elegantes proporciones, su inteligencia y una gran predisposición para el trabajo. La alzada de esta raza, popular en todo el mundo, oscila entre 152 y 193 cm. En el siglo XIX, cuando la mayoría de los caballos de trabajo en Francia eran percherones, se decía que podía recorrer 60 km al trote en una jornada de trabajo.

Existen numerosas razas de tiro cuyo papel en la agricultura se ha mantenido en algunos países pese a la Revolución Industrial. Para algunos agricultores siguen siendo fundamentales, por el valor que se otorga a los métodos tradicionales y los costes de conversión a sistemas mecanizados.

Una tradición relacionada con el caballo de tiro que cuenta con una larga historia y actualmente goza de un amplio seguimiento es La Route du Poisson («la Ruta del Pescado»), que conmemora el transporte urgente del pescado fresco de las costas de Boulogne-sur-Mer a los mercados de París. Esta práctica cuenta con siglos de historia en Francia. En 1991 se impulsó La Route du Poisson como acontecimiento deportivo internacional para promocionar otra raza de tiro francesa, el caballo boloñés, y se ha convertido en una celebración de la fuerza y la resistencia de las razas de trabajo, con la participación de equipos de toda Europa. Más de trescientos fornidos caballos haciendo resonar sus cascos por vías públicas hacia París es un espectáculo impresionante que atrae a unos 300 000 espectadores cada año.

Pero también los caballos miniatura pueden ser tan atractivos e interesantes como los grandes equinos. El poni de las Shetland es una raza autóctona de las islas Shetland, situadas al nordeste de Escocia. Al igual que muchas razas nativas, se desarrolló para sobrevivir en un hábitat duro y un clima riguroso. Vivía en costas remotas, azotadas por los vientos, donde se alimentaba del pasto que encontraba. Esas duras condiciones son responsables, en parte, de su pequeño tamaño, con una alzada máxima de 107 cm de acuerdo con el patrón de la raza. Para los granjeros que trabajan sus pequeñas propiedades en condiciones difíciles, este pequeño y resistente poni les era indispensable para desplazarse y transportar cargas por terrenos irregulares.

Derecha: *Este poni de las Shetland y este caballo clydesdale se parecen mucho en términos de color y, proporcionalmente, de fuerza. Ilustran la buena amistad que pueden forjar equinos de razas muy diferentes.*

El poni de las Shetland, extraordinariamente fuerte en relación con su tamaño, presenta un pelaje denso y largas crines que le protegen de las inclemencias del tiempo, así como unas duras pezuñas redondeadas. Sigue una dieta frugal, que, de hecho, le sienta mucho mejor que un pasto abundante, que podría provocarle problemas de salud. Tiene mucho carácter y sentido común, es inteligente y aprende rápido. Lamentablemente estas características hicieron que cientos de miles de ponis de las Shetland trabajaran antaño en minas subterráneas. Hoy son populares como ponis para los niños y también como animal de enganche y de exhibición. El poni de las Shetland criado en Estados Unidos es algo más alto que sus primos escoceses, y también hay ponis de las Shetland miniatura, más pequeños incluso que un perro grande. Pero todos ellos conservan la vitalidad y el carácter de la raza.

El caballo caspio, una raza rara originaria de Irán, es de tamaño similar al del poni de las Shetland estándar, pero su carácter es muy distinto. El caspio se clasifica como caballo, y no como poni, por sus características físicas y su movimiento: de elegantes proporciones, se distingue por un paso bajo y extendido. Es conocido por su fuerza y su excepcional habilidad en el salto, así como por poseer un temperamento amable y voluntarioso. Se cree que desciende de unos caballos fuertes, veloces y ágiles criados en Persia para tirar de carros ya hacia el año 3400 a. C.

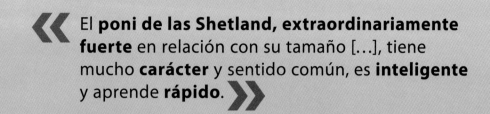

« El **poni de las Shetland, extraordinariamente fuerte** en relación con su tamaño […], tiene mucho **carácter** y sentido común, es **inteligente** y aprende **rápido**. »

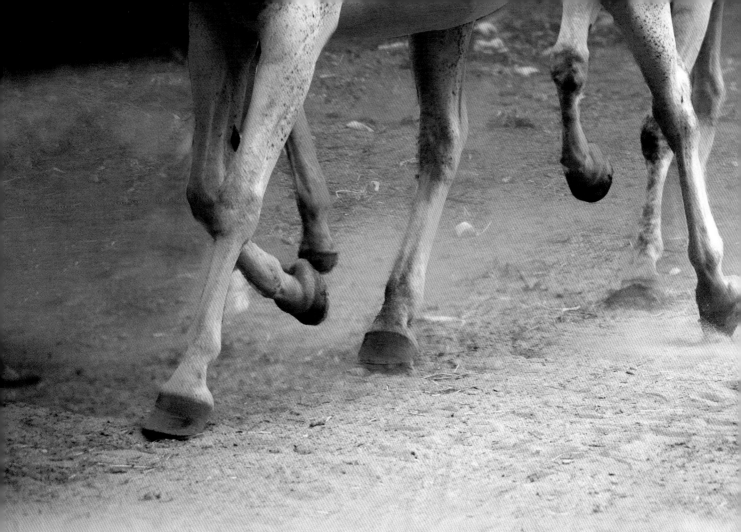

Salud de los cascos

Las personas que quieren a los caballos saben lo importante que es ocuparse de su bienestar. Se necesitan muchos años de estudio y práctica para convertirse en veterinario, guarnicionero, herrador, rador o psicólogo equino, una dedicación que demuestra que tener un caballo conlleva una responsabilidad que debe tomarse en serio. Ya sea un caballo de carreras para la competición o un poni para la familia, las necesidades físicas básicas del caballo son las mismas y exigen del propietario conocimiento y dedicación.

Entre las necesidades físicas más importantes del caballo está la firmeza de los cascos: ya dicen que sin casco no hay caballo. El casco del caballo es una parte muy compleja de su anatomía y, si bien es cierto que los caballos pueden recorrer cientos de kilómetros sin hacerse ningún daño, tanto

herrados como sin herrar (*véase* arriba), un absceso en un casco o heridas en la planta pueden tenerlos parados durante semanas. La digestión y el metabolismo influyen en el estado de los cascos, por lo que estos reflejan la salud integral del animal.

Los cascos son del mismo material que los cuernos de algunos animales o las uñas de las personas, con una capa externa (la cápsula) que constituye un escudo duro protector de las delicadas estructuras internas del pie. El mecanismo del casco al entrar en contacto con el suelo determina cómo se bombea la sangre por el casco, hacia y desde la extremidad, y está relacionado con la velocidad de movimiento y con la posición del casco tanto al apoyarse como al despegarse del suelo. La fisiología exacta es muy compleja, pero, como nociones básicas, bastaría con saber que el casco no es un bloque sólido, sino que se contrae y se expande con los movimientos

del animal, y puede fortalecerse o debilitarse en función del mantenimiento del caballo, del tipo de terreno que pisa y de su alimentación.

El mustang americano es un ejemplo: muestra la dureza, el movimiento y la adaptabilidad del casco natural en terrenos difíciles sin recibir ningún cuidado especial del ser humano. Su vida depende de la salud de los cascos, pues uno lesionado dificultará seriamente sus movimientos: los caballos cojos no pueden seguir a la manada, ni huir del peligro, ni caminar mucho para buscar comida. En climas húmedos se enfrentan a otros retos, ya que el casco debe estar expuesto regularmente a terrenos húmedos y secos. Así, los caballos estabulados o los que viven en ambientes fangosos pueden tener dificultades para mantener unos cascos fuertes.

Un elemento interesante del casco es la ranilla, una estructura blanda en forma de «V» que soporta la parte inferior del pie y forma un puente entre los dos bordes exteriores del casco. Cuando el caballo se mueve, el casco se expande y se contrae, y la ranilla amortigua el movimiento, para así aportar elasticidad y proteger la extremidad del impacto.

Si bien herrar es una práctica tradicional, en la actualidad empieza a extenderse el interés por la filosofía de pies descalzos, que opta por un corte especializado que imita el estado natural de los cascos. De nuevo, el mustang es un buen ejemplo de lo fuertes y sanos que pueden ser unos cascos sin herrar. Ya no es extraño que participen caballos descalzos en diversas disciplinas de competición sobre distintos terrenos o en actividades de trabajo u ocio. Los 38 caballos de la Policía montada de Houston, en Texas, van descalzos desde 2003, un testimonio de unos caballos que deben estar en perfecto estado físico siempre que se les necesite.

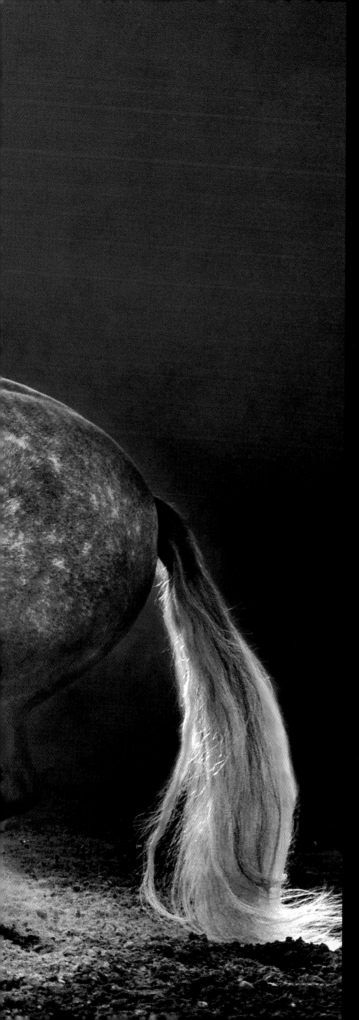

La fisiología del caballo es un tema amplísimo y fascinante. Una buena comprensión del funcionamiento de todos sus músculos, nervios y esqueleto requiere años de estudio. Pero, incluso aunque nuestro único contacto con los caballos sea verlos paciendo de lejos, quizá al contemplar el paisaje desde el coche, saber un poco más de lo que ocurre bajo su piel nos ofrece una nueva visión de este animal. Todos sus sentidos están alerta al más mínimo movimiento, sonido, olor o contacto. Su postura, actitud y sutiles movimientos envían señales a los demás caballos. Nunca están sin hacer nada, ni siquiera cuando no hacen nada.

Izquierda: *Este semental andaluz sintetiza los atributos físicos del caballo en esa potencia y fuerza evidentes, una postura y expresión alertas, y la elegancia de su silueta.*

Capas y marcas

Colores del pelaje

« A primera vista, la manada parece de un color más o menos uniforme, de tonos castaños y rojizos otoñales. De cerca, en cambio, podemos ver algunas crines y colas negras, mientras que otras son más doradas que el pelaje castaño al que acompañan. Una yegua de color harinoso presenta una franja negra que le recorre toda la columna y unas marcas parecidas a las rayas de la cebra en las patas. Y casi ocultos entre la manada, dos de los potros tienen todo el pelaje manchado: uno, blanco y negro; el otro, castaño dorado y blanco. Cuando el pequeño blanco y negro se vuelve para dirigirnos una mirada curiosa, apreciamos que tiene los ojos azules. »

Dicen que un buen caballo nunca es de un mal color, y la verdad es que hay muchos colores donde elegir. Como en todo, hay modas en cuanto a las capas de los caballos, y cada persona tiene su color favorito. Quizá resulte más sorprendente el hecho de que los caballos también tienen sus preferencias en cuanto a colores, sobre todo los sementales a la hora de elegir pareja. Se trata de un comportamiento bien documentado. En el siglo XIX, Charles Darwin, pionero de la teoría de la evolución, observó que los caballos semisalvajes tendían a elegir parejas con una capa similar a la suya.

Más recientemente, investigadores que observaban las manadas de mustangs salvajes en Montana y Nevada, en Estados Unidos, constataron que algunos sementales elegían yeguas de un único color. No obstante, resulta difícil afirmar si se trata de una preferencia estética o de un reconocimiento de trasfondo genético instintivo más sutil. Las teorías sobre la forma en que los caballos perciben el mundo sugieren que la capa de la madre de un semental o de los miembros más inmediatos de la manada pueden influir también en sus preferencias. En tal caso, la elección del color no significaría necesariamente preferencia, ni siquiera instinto, sino que sería una cuestión de familiaridad, que crea una sensación de seguridad, siempre importante para los caballos. Dado que no todos los sementales demuestran esta preferencia por un color y que los caballos domésticos se reproducen bien pese a que rara vez eligen a su compañera, podríamos concluir que la personalidad individual también influye.

En el caso de los caballos domésticos, las preferencias de color suelen ser una cuestión de modas. Así, en los últimos veinte o treinta años se han popularizado mucho los caballos pintos

(por ejemplo, negro o castaño con manchas blancas). Hasta entonces, las combinaciones de colores se consideraban una prueba de linaje desconocido, por lo que no eran nada populares. La elección de un color también puede reflejar una cuestión meramente práctica en determinado momento de la historia. En los tiempos en que el caballo y el carruaje constituían el principal medio de transporte, un bonito par de caballos bayos, alazanes o tordos a juego eran relativamente fáciles de encontrar, además de adecuarse a los gustos conservadores de los propietarios adinerados o los hombres de negocios.

Por otro lado, el color ha sido siempre muy importante en los patrones que velan por conser-

var las características y los rasgos que definen una raza concreta. Esto es fundamental en aquellas que están en peligro de extinción, como el bayo de Cleveland, que siempre es bayo con la cola y la crin negras, o el Suffolk punch, siempre alazán. Además de los colores lisos más habituales, también hay caballos con motas, manchas e incluso con algunas rayas. Pero no todos los caballos negros son realmente negros, y también ha habido un largo debate sobre qué se considera exactamente un caballo blanco. La franja dorsal y las rayas de cebra en las patas suelen considerarse «marcas primitivas», y de vez en cuando puede darse algún caballo moteado incluso en razas que no suelen serlo.

Los patrones genéticos que producen todas estas capas son complejos, y conocer el historial genealógico ayuda a los criadores a predecir —o planear— el color de la descendencia. Si bien algunos tonos pueden parecer más deseables que otros, el color también proporciona información sobre la composición genética, lo cual puede ser de importancia a la hora de criar con una finalidad específica. Pese a todo, la naturaleza es difícil de predecir con exactitud, y quien quiera obtener un color concreto en una cría debe estar preparado para cualquier sorpresa, algo que probablemente sea positivo.

Algunas razas presentan solo variaciones del mismo color. Por ejemplo, el bonito haflinger austriaco (*véase* arriba) es siempre alazán, desde tonos claros hasta oscuros, con la crin y la cola rubias. El majestuoso frisón holandés ahora siempre es negro, aunque en el pasado también había frisones tordos y alazanes. Sin embargo, el patrón de la raza moderna, desarrollado para velar por la supervivencia de la raza cuando estaba en peligro a principios del siglo xx, exige que todos los frisones registrados sean negros, y tan solo se permite un pequeño lucero blanco en la frente. El caballo árabe tordo, el cuarto de milla alazán y el purasangre inglés bayo son colores clásicos típicos muy apreciados, pero en las tres razas también son habituales los ejemplares de muchas otras capas.

« El **majestuoso frisón** holandés ahora es **siempre negro**, aunque en el pasado también había frisones **tordos y alazanes**. »

Derecha: *¿Negro y blanco? ¿O bayo oscuro y tordo? Los caballos no siempre son del color que parecen. La luz reflejada en la capa negra podría sugerir que el caballo de la izquierda es bayo, mientras que las rodillas grises y los ojos oscuros revelan que el de la derecha es tordo.*

Código genético

El color viene determinado por los genes de los progenitores, siempre pares pero no iguales: uno es dominante y el otro recesivo, lo que significa que los atributos del gen dominante siempre tendrán más fuerza que los del recesivo. Esto no tiene relación con el sexo del progenitor, sino con la raza. Cuando los genes coinciden, transmiten las mismas características cromáticas. El tordo domina sobre todos los demás tonos, mientras que el alazán siempre es recesivo. Así pues, un caballo con un progenitor tordo acabará siendo tordo, aunque nazca de otro color, e independientemente de la capa del otro progenitor. En cambio, las probabilidades de que un potro sea alazán son mínimas, a no ser que ambos progenitores sean alazanes; entonces, las probabilidades son muy altas. Los caballos alazanes son de un color castaño rojizo, o tal vez cobrizo, muy parecido al tono canela, con distintas tonalidades.

El pigmento de base de las capas de todos los caballos es el rojo o el negro —el negro incluye también el bayo, pues proceden del mismo gen dominante—. A partir de este punto de partida, las variaciones cromáticas se deben a diluciones, patrones y modificadores que influyen en los pigmentos de base. Dichas variaciones pueden verse en todo el cuerpo o solo en lo que se conoce como cabos, que son la crin, la cola, la parte inferior de las extremidades y la de alrededor de las orejas.

Existen otros diez genes aproximadamente que modifican los cabos para crear la gama de capas que podemos ver en los caballos: es lo que se conoce como diluciones. Hay al menos cinco diluciones posibles de los pigmentos de base: plateado, champán, crema, pardo y perlado. La cantidad de cada dilución y su carácter dominante o recesivo influirán en el color del pelaje.

Si un caballo es homocigótico, significa que posee dos copias idénticas del gen responsable de un rasgo determinado y, por lo tanto, ese rasgo aparecerá en su descendencia. Para transmitir un gen recesivo, es preciso que el gen con el que se combine sea también recesivo. Si un caballo es heterocigótico, no tiene dos genes iguales, por lo que su descendencia presentará los rasgos dominantes.

Si bien el tordo domina siempre sobre los demás colores, lo cierto es que, en realidad, no es un color en sí, sino que deriva de un gen modificador que sustituye los pelos oscuros por otros claros con el paso del tiempo. Los caballos tordos verdaderos tienen la piel y los ojos oscuros, y normalmente nacen bayos o alazanes, o negros. Incluso los caballos que nacen de color gris oscuro se aclararán con los años. Esto no es necesariamente un indicador de envejecimiento, pues el tono claro puede aparecer incluso antes de alcanzar la madurez. Un potro que nace de color oscuro puede empezar a volverse tordo al mudar su suave pelaje de recién nacido, hacia los cuatro o seis meses. Un primer síntoma del aclaramiento suele ser la aparición de una especie de «gafas» grises alrededor de los ojos. El proceso de aclaramiento va unido al desarrollo del pelaje de invierno y de verano, de modo que cada año aparecen pelos más claros a medida que se mudan los oscuros.

Los lipizanos, los célebres caballos blancos de la Escuela Española de Equitación de Viena, son un buen ejemplo de los tonos cambiantes del pelaje tordo. Siempre nacen bayos o negros, pero entre los seis y diez años habrán adquirido tonos grises variados.

Los caballos tordos pueden tener la crin y la cola oscuras, aunque estas partes también pueden aclararse, según la raza. Un caballo tordo mosqueado (salpicado de pelos más oscuros) suele nacer con el pelaje muy oscuro, para luego volverse muy claro, con pintas de color castaño rojizo por todo el cuerpo. A menudo la cantidad de pintas va aumentando a medida que el caballo envejece y, en algunos casos poco frecuentes, su densidad llega a ser tal que parece que el pelaje vuelve a tener un color liso.

Un caballo tordo rodado presenta unos característicos círculos más claros, a veces más abundantes en la grupa y los hombros; a menudo conserva la crin y la cola más oscuras.

El tordo vinoso es un color delicado: los pelos rojos aportan un ligero matiz rosado al pelaje. El tordo vinoso se asocia sobre todo con los caballos árabes, aunque también se da en otras razas. Cualquier caballo con el gen tordo que nazca de color bayo o alazán puede convertirse en un tordo vinoso, pero el grado de rosado varía de un caballo a otro, y algunos ni siquiera pasan por esta fase.

Derecha: *Este elegante lipizano nació de color negro o castaño muy oscuro, pero gradualmente fue adquiriendo este tono tordillo blanco, antes de cumplir los diez años.*

El tordo acerado es muy llamativo: se trata de una capa oscura con un tono plateado producido por pelos de color gris claro sobre una base negra. Los caballos tordos acerados no suelen conservar este color durante mucho tiempo; con los años, su capa se vuelve torda mosqueada o rodada.

Variaciones sobre un tema

Los caballos tordos pueden volverse «blancos», pero, en el sentido más estricto, siempre serán tordos si tienen la piel y los ojos oscuros propios del gen tordo. Existen otras capas que también pueden volverse blancas con el paso del tiempo, pero no son blancas en el momento del nacimiento del potro. Algunos expertos consideran que los caballos blancos genuinos deben nacer de color blanco y tener un progenitor también blanco. Esta teoría defiende la existencia de un gen blanco dominante. No obstante, en ocasiones nacen caballos blancos de progenitores de otros colores, por lo que la teoría es discutible, y además no existe ningún consenso en cuanto a los patrones cromáticos, en especial los menos comunes.

Este aspecto puede ser muy importante para los criadores de caballos, por lo que en la actualidad a menudo se realizan pruebas genéticas para determinar un color genuino. Los rasgos que definen al caballo blanco son un pelaje verdaderamente blanco desde el nacimiento, la piel rosada y los ojos marrones, aunque en ocasiones son azules.

« Un caballo **tordo mosqueado** [...] suele nacer con el pelaje muy oscuro, para luego volverse muy **claro**, con **pintas** de color **castaño rojizo** por todo el cuerpo. »

Derecha: *Este excepcional caballo es un perlino, color resultante de dos genes crema. El tono algo más oscuro de la crin lo diferencia de un cremello, que tiene la crin y la cola blancas.*

A veces se habla de los caballos cremellos como «blancos» o «albinos», pero no son descripciones precisas, ya que un cremello tiene dos genes crema, lo que da un pelaje de color crema. Es lo que se conoce como «doble dilución». La diferencia respecto al blanco es muy perceptible en un cremello que también posee marcas blancas en el pelaje crema.

El caballo champán puede presentar muchas variaciones de un tono dorado pálido. Al nacer tiene los ojos de un color azul brillante que va cambiando a un avellana claro, y una piel muy rosa a la que le van saliendo pecas con la edad. Un caballo con un gen champán siempre será champán; el gen recesivo determinará la variación cromática. Así, la capa puede ser dorada (champán y alazán) o bien clásica (champán y negro). Los caballos champán se asocian con diversas razas concretas, como el cuarto de milla, el caballo de paso de Tennessee, el fox trotter de Misuri y el caballo de silla americano.

A veces se describen como «ruanos» a caballos de diferentes colores, pero el ruano no es un color en sí. Un caballo ruano muestra un color liso con pelos blancos sueltos por el cuerpo, no motas ni manchas. El gen ruano, que puede darse en cualquier capa, simplemente añade pelos blancos. Algunos muy comunes son el ruano rojizo, el ruano azulado, el tordo ruano, el bayo ruano y el pardo ruano. Los cabos suelen ser más oscuros que el resto del cuerpo. Los ruanos no van perdiendo el color de base con la edad, como ocurre con los tordos.

Gracias a su bonito pelaje dorado, estos caballos parecen de cuento de hadas. Un caballo palomino puede ser más claro o más oscuro, pero siempre tendrá la crin y la cola rubias.

Muchos colores lisos, como el bayo, el alazán y el pardo, se mantienen constantes a lo largo de la vida del caballo. Pueden variar de intensidad de un ejemplar a otro, y aclararse por efecto del sol, pero no cambiarán significativamente con el tiempo.

Los palominos también suelen conservar su color, un dorado brillante hermosamente realzado por el tono crema o rubio claro de la crin y la cola. Los caballos palominos presentan diversas tonalidades doradas y, en función del linaje, pueden aparecer unas motas más oscuras —entonces se les califica como «tiznados»—, algo que también se da en otras capas claras. Los palominos resultan fáciles de reconocer y son muchas las razas en las que se da esta capa, normalmente con la piel y los ojos oscuros. Si bien un caballo alazán claro o cremello oscuro podría confundirse con un palomino, es la composición genética lo que determina el color de un caballo, no su aspecto. A pesar de que el palomino no es una raza, existen numerosos registros que promocionan esta capa, muy popular: la combinación del pelaje dorado y la crin rubia hace que parezcan caballos de cuento de hadas. Cabe destacar que los caballos árabes y los purasangres registrados pueden ser de cualquier color liso, excepto palomino.

Los caballos palominos también se conocen como isabelos, en honor a la reina Isabel la Católica, célebre por patrocinar los viajes de Cristóbal Colón al Nuevo Mundo en el siglo xv. Dicen que tenía un centenar de caballos dorados y que envió un semental y varias yeguas al Nuevo Mundo, lo que supuso la introducción de esta capa en el continente americano.

El negro es otro color liso muy llamativo, pero, al igual que ocurre con el blanco, no siempre es lo que parece. Un caballo realmente negro es poco habitual, excepto en razas definidas por el color, como el poni fell, el poni dales y el frisón. Tanto el poni fell como el dales son predominantemente negros, y ciertas similitudes en forma y porte con el frisón, además del color, sugieren vínculos históricos entre estas razas.

Un bayo oscuro o un alazán tostado pueden parecer negros, pero un caballo negro no presenta ningún otro color —ningún matiz rojizo ni ruano, por ejemplo— y tendrá la piel negra y los ojos oscuros. Si bien los potros tordos suelen nacer negros, los potros negros nacen normalmente de un color castaño claro, y pueden presentar rayas en las patas. Esto puede hacer que se les confunda con otros colores, pero las rayas desaparecerán y los potros se convertirán en auténticos caballos negros. El pelaje negro puede descolorarse por efecto del sol, lo cual puede provocar confusiones; los que conservan su intensidad se conocen como «negros puros». También hay caballos clasificados como negros por su raza, pero que más bien presentan un color chocolate. Está claro que en el tema de la capa del caballo no debemos fiarnos solo de lo que vemos.

Este es un tema controvertido, pues la percepción del color depende en buena medida del ojo de quien observa. Esto puede parecer algo sin importancia para el observador esporádico, pero es vital para un criador o para un aficionado entusiasta que quiera usar pruebas genéticas para definir un color. Esa información puede utilizarse después para determinar futuros procesos de cría en los que el color o unas características físicas específicas son relevantes.

Capas grises

Lo que a ojos profanos sería gris, puede describirse con términos tan variados como grullo, rucio, pardo plateado, plomizo, cebruno o ceniciento. Los nombres que pretenden describir el color parecen infinitos y varían de una raza a otra, con términos como pardo azulado, lobuno, aceitunado, cervuno, apizarrado o chocolate, lo que ilustra la dificultad de definir las distintas tonalidades.

Los matices de grises van desde un azul plateado hasta un marrón chocolate o casi negro, por lo que no resulta sorprendente que sea difícil ponerse de acuerdo sobre cómo denominar el color. Lo cierto es que existen algunas características definitorias y, desde el punto de vista genético, se trata de un caballo negro aquel que posee al menos un gen pardo dominante, que diluye el pigmento de base negro y añade características del factor pardo al caballo.

El factor pardo presenta unos rasgos muy distintivos. Un caballo puede incluirlos todos o solo algunos de ellos. La característica más definitoria es la franja dorsal que recorre toda la columna, desde las orejas hasta la cola. Aunque normalmente se pierde en el pelo de la cola y la crin, puede apreciarse en caballos con la cola y la crin más claras, como el caballo de los fiordos noruego. La capa de esta raza siempre presenta tonalidades pardas, de intensidades distintas según cada ejemplar, con una característica crin rubia atravesada por la franja negra. Tradicionalmente se recorta la crin del caballo de los fiordos en forma de media luna para realzar la atractiva franja oscura. Los caballos pardos a menudo muestran rayas horizontales en las patas, que se conocen como «marcas primitivas» o «rayas de cebra», un rasgo habitual en el caballo de los fiordos. Los ponis de las Highlands, oriundos de Escocia, son otra raza que presenta una amplia variedad de capas pardas, aunque también pueden ser negros, tordos o castaños.

Derecha: *Este característico corte de la crin, tradicional en el caballo de los fiordos noruegos, realza la franja dorsal oscura que atraviesa la crin, más clara.*

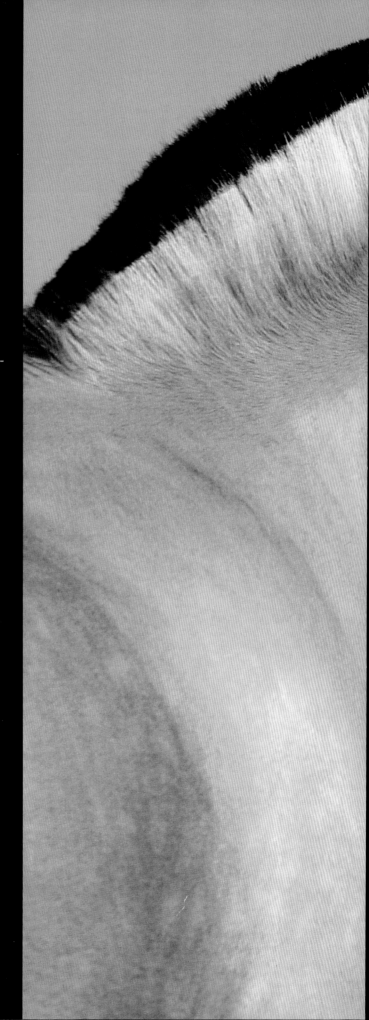

Las capas pardas presentan múltiples variaciones cromáticas. Un caballo grullo o pardo plateado combina la franja dorsal con un pelaje gris ahumado, vellorio o chocolate. Es un color bastante raro, pero se da en algunas razas, como el cuarto de milla, el appaloosa, el poni de las Highlands, el caballo islandés y el poni de las Shetland. Si bien los registros de razas y colores no terminan de ponerse de acuerdo en la definición del color, la crin y la cola negras, la franja dorsal negra y el color negro de la parte inferior de las extremidades son características aceptadas de forma generalizada.

Un caballo grullo tiene la piel oscura, bien adaptada para resistir la luz solar, aunque también se da en muchas razas de climas fríos. El pelaje puede cambiar con las estaciones, y la crin oscura puede desarrollar tintes alazanes durante un verano muy soleado. Suele tratarse de un color liso, pero un appaloosa grullo probablemente tendrá unos cuantos pelos blancos.

El caballo islandés es un ejemplo interesante de raza con una gama de capas excepcionalmente amplia. Durante más de 800 años se ha mantenido como una raza pura de forma deliberada, sin cruces con otras razas, por lo que conserva la esencia del patrón. Estos caballos, pequeños y resistentes, son un elemento característico de su país natal e incluso hoy siguen siendo fundamentales para las personas que viven en un territorio que se cruza mejor a lomos de un caballo que de cualquier otro modo. El caballo islandés se caracteriza por su tamaño, fuerza y paso único (un trote rápido y suave de cuatro tiempos conocido como *tölt*). Existe un centenar de variantes de cuarenta colores distintos; uno de ellos es el pardo plateado, cuyo color neblinoso y los cabos oscuros se integran de maravilla en el espectacular paisaje de Islandia.

El caballo de Palouse

El appaloosa moteado es una de las razas más vistosas y espectaculares. Estos caballos criados por los indios nez percé en la región de Palouse, en lo que hoy es el noroeste de Estados Unidos, se caracterizaban por sus pelajes pintos, su resistencia y su temperamento. La raza fue perseguida casi hasta la extinción en el siglo XIX, en los intentos del Gobierno estadounidense por controlar a las tribus nez percé. Hoy sobreviven gracias a un número reducido de criadores entregados que localizaron a los pocos caballos que quedaban para volver a consolidar la raza. En 1938 se fundó el Appaloosa Horse Club, y en la actualidad cuenta con más de 600 000 caballos registrados.

Además del pelaje moteado, los appaloosas tienen los cascos listados, así como la piel de todo el cuerpo con manchas rosadas y oscuras. Donde mejor se aprecian estas manchas es alrededor del hocico y de los ojos, aunque también pueden verse bajo el pelaje cuando está mojado. Cabe destacar que las manchas de la piel no siempre coinciden con las del pelaje, pero se mantienen iguales incluso al mudar el pelo.

« El **caballo islandés** se caracteriza por su tamaño, **fuerza** y paso único (un **trote rápido y suave** de cuatro tiempos conocido como *tölt*). Existen un centenar de variantes de **cuarenta colores distintos**. »

Derecha: *Este appaloosa presenta una capa de tipo manta con orlas alrededor de las manchas negras y marrones, además de pelos blancos por todo el cuerpo, indicadores de un patrón ruano. En unos años su pelaje podría aclararse.*

Los tipos básicos de las marcas del pelaje son: manta, leopardo, a gota y nevado. Cada tipo de capa describe un patrón concreto, aunque todos ellos presentan múltiples variaciones. Una capa de tipo manta se refiere a un caballo que, en su mayor parte, presenta un color liso, pero tiene una mancha blanca en la grupa con motas del color principal del cuerpo. Esta capa a menudo se vuelve ruana, esto es, la cantidad de blanco aumenta con el paso de los años e incluso puede llegar a cubrir todo el cuerpo.

Una capa de tipo leopardo describe a un caballo con un pelaje de base de color blanco o crema, con diferentes grados de motas de color negro, castaño o alazán (a veces los tres) por todo el cuerpo. Las motas pueden presentar una especie de sombra alrededor. Es lo que se conoce como «orlas», que tienden a variar poco. En cambio, las manchas de bordes definidos suelen desdibujarse con el tiempo. Sin embargo, en los appaloosas nada es del todo seguro en lo que respecta a los efectos de la edad sobre el color y las marcas del pelaje.

Una capa a gota consiste en un cuerpo de color claro con unas pocas motas (a veces tan solo una), mientras que la capa nevada presenta una base oscura con una especie de pecas blancas. Un appaloosa también puede ser de color liso, aunque podría presentar un patrón ruano con los años.

Los appaloosas pueden tener una crin y una cola finas, a veces tan ralas que se habla de «cola

Izquierda: *Los caballos moteados son llamativos, pero también pueden camuflarse de maravilla. Esta capa de tipo leopardo se camuflaría entre los árboles tan bien como el tordillo blanco en la nieve.*

de rata», además de un anillo alrededor del iris del ojo (o esclerótica), también presente en otras razas aunque no se aprecie.

El knabstrup danés es otra famosa raza moteada, criada en Dinamarca desde el siglo XVII. Estos asombrosos caballos, de antepasados españoles, se reservaban para la realeza y la nobleza. Al igual que el appaloosa, presentan una cantidad variable de manchas; los que son prácticamente blancos se usaban para tirar de carruajes. También sobresalían en la academia de equitación de la corte danesa en los comienzos de la doma clásica, pues su imponente presencia contribuía a exhibir las habilidades tanto del caballo como del jinete. Por desgracia, el linaje real perdió su color original con el tiempo, quizá por la presencia de un gen tordo.

Existen otras razas moteadas, como el caballo tigre, que no empezó a desarrollarse hasta 1992. Con la intención de remontarse hasta la ascendencia española de los caballos moteados importados a Estados Unidos en el siglo XVI e incluso a raíces ancestrales anteriores, la Tiger Horse Association se basa en el caballo soulon chino del siglo XVII, de capa de tipo leopardo, como su ideal. Los caballos tigre son equinos de paso, que muestran una andadura lateral y un trote rápido de forma natural, un rasgo que los define, como la capa appaloosa.

Página anterior: *Esta insólita capa appaloosa podría volverse completamente ruana con los años y dar un caballo de color crema.*

Arriba: *El pinto americano es muy popular en las competiciones del Oeste como caballo versátil y polivalente. Es atlético, vistoso y aprende rápido.*

Manchas y marcas

El poni americano es una raza muy
nueva, de principios de la década de
1950. Se desarrolló para conseguir un
poni para niños con la capa del appaloosa,
pero con las proporciones más reducidas
del poni de las Shetland. En ambos
casos, entender el trasfondo genético
que determinaba no solo la capa sino
también el tamaño y el paso, permitió
a los criadores centrarse en reproducir
las características deseadas.

« El **poni americano** es [...] un poni para niños con la **capa del appaloosa**, pero con las **proporciones** más reducidas del **poni de las Shetland**. »

Los caballos con manchas de color sobre un pelaje blanco o manchas blancas sobre un pelaje de color son más habituales que los caballos moteados, y los hay de todas las formas y dimensiones. La variedad no solo afecta a los caballos en sí, sino también a la terminología utilizada para referirse a ellos, con términos como picazo, pío o pinto, que además pueden variar según la región.

Un caballo picazo tiene grandes manchas blancas y negras, normalmente en forma de manchas negras sobre un pelaje de base blanco. El término se inspira en el pelaje de la urraca, también conocida como picaza. Un caballo pío presenta un pelaje de uno o varios colores (que no sean negro) con manchas blancas, o bien un pelaje mayormente blanco con manchas de cualquier otro color. Así, los píos pueden tener, por ejemplo, manchas de un tono tordo, alazán, bayo o palomino, y a veces se describe la capa como azulada y blanca, rojiza y blanca o limón y blanca. También pueden presentar algunas marcas negras, aunque serán insignificantes en relación con el color principal de la capa.

«Pinto» es un término más general para referirse a capas de diversos colores, como pintadas, e incluso en inglés lo toman prestado tal cual del español. Si bien puede referirse tanto a caballos picazos como píos, puede haber diferencias notables si los términos se asocian con razas o registros de color particulares. Por ejemplo, la Pinto Horse Association of America es un registro de color abierto a numerosas razas que cumplan unos criterios

determinados, mientras que el caballo pinto americano es una raza por derecho propio, desarrollada a partir de unas estirpes concretas para conseguir la capa y las características de este caballo vaquero atlético y espabilado.

En la terminología especializada relacionada con la capa de los caballos son también frecuentes los términos «tobiano» y «overo». Ambas capas se dan en caballos y ponis de diferentes tamaños, razas y tipos. Un tobiano suele ser un caballo blanco con grandes manchas irregulares, pero de perfil definido, de un color liso, presentes por todo el cuerpo. Frecuentemente tiene las patas blancas por debajo de la rodilla, un color liso en la cara y la cola puede ser de dos colores. En cambio, un caballo overo suele presentar un color liso con manchas blancas a un solo lado, que rara vez llegan a cruzar el lomo. Las manchas suelen ser irregulares o de tipo salpicadura. La cola es de color liso y presenta unas marcas características en la cabeza. Si la mancha blanca se extiende sobre los ojos y las orejas, parece un sombrero; si empieza entre los ojos y se extiende alrededor del hocico, parece un delantal. Cuando buena parte de la cara es blanca se le considera un caballo careto.

Además de las marcas faciales más características, como el careto, existen otras que resultan menos habituales. Hay caballos con una mancha oscura alrededor de las orejas, mientras el resto de la cabeza es blanca, con lo que parece que lleven un gorro de doctor. En la actualidad incluso existe una

Los **píos** pueden tener […] **manchas** de un tono tordo, **alazán**, bayo o palomino, y a veces se describe la capa como azulada y blanca, **rojiza y blanca** o limón y blanca.

Izquierda: *El caballo tinker combina fuerza y carácter con una constitución fornida y una capa distintiva. Es un bonito caballo tanto de silla como de enganche.*

Medicine Hat Horse Association, pero hubo un tiempo en que estos caballos eran tan raros que se les consideraba mágicos, y eran la montura elegida por los chamanes o curanderos. Según cómo, esa mancha también parecía un gorro militar, por lo que los indios americanos creían que los caballos con esa marca protegían al jinete en el campo de batalla y podían advertirle si se acercaba el peligro. Un caballo de este tipo con ojos azules era especialmente apreciado, pues se le creía capaz de cruzar las fronteras entre las llanuras terrenales y las celestiales.

Los caballos picazos y píos tienen una larga tradición entre los pueblos gitanos nómadas, cuya admiración por todo lo ostentoso se extiende a la elección de sus equinos. Existen muchas razas de caballos pintos, pero quizá una de las más vistosas es el tinker. Estos pequeños caballos de tiro se criaron en su origen para arrastrar carromatos. Tenían que ser fuertes y domables, unos animales fácilmente adaptables a la vida nómada y que, además, sirviesen para publicitar la tradicional habilidad de los gitanos con los caballos en las ferias y los mercados equinos.

En la actualidad, el caballo tinker está establecido como una raza basada en las características físicas y la estirpe, no solo en la capa. No obstante, los picazos y píos son los más admirados, mientras que todas las demás capas se clasifican como «raras». Entre las marcas de tobiano más llamativas, un tipo overo conocido con el término gitano

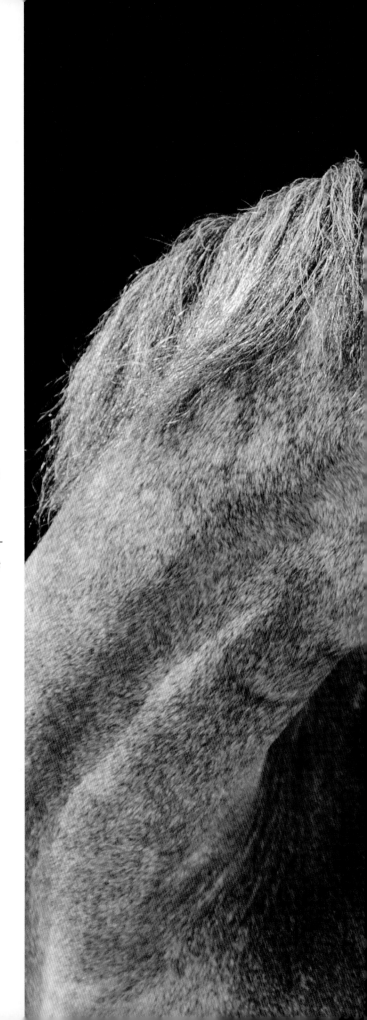

«blagdon» describe una capa lisa con salpicaduras blancas o ruanas alrededor del vientre, a menudo con careto.

En el mundo de los caballos, muchas capas se describen con nombres que tienden a lo poético. Por ejemplo, el pardo lobuno es una clara referencia al pelaje del lobo, mientras que definir una capa como azulada o vinosa intenta sugerir una tonalidad concreta de pardo. Colores como el bayo o el alazán varían de un ejemplar a otro, e incluso según la estación.

Las marcas más comunes están presentes en numerosas razas. Entre las más habituales, y quizá de las más apreciadas, destaca el lucero blanco justo en el centro de la testuz. El lucero puede ser más grande o más pequeño, pero siempre debe quedar centrado en el remolino de pelos en el centro de la cara. Si la mancha blanca cubre toda la frente, se habla de un caballo frontino. Y un cordón es una franja estrecha que recorre la cara. También hay caballos que presentan una pequeña línea blanca en el hocico, a menudo en combinación con un atisbo de piel rosada. Todas estas y otras marcas pueden darse en las más variadas combinaciones, y no tienen ningún significado particular, aparte de añadir atractivo a la cara del animal.

Izquierda: *El caballo de las Montañas Rocosas presenta un pelaje de colores poco habituales, aunque quizá este tono chocolate con la crin y la cola rubias sea el más característico de la raza.*

Ciencia y superstición

Todavía hoy están bastante extendidas las creencias y supersticiones que asocian la capa o las marcas de un caballo con su temperamento o sus habilidades. La larga tradición de debilidad de los cascos blancos o rayados topa con el conocimiento actual, que confirma que no presentan ninguna diferencia con los cascos oscuros. Del mismo modo, a veces se cree que los caballos de ojos incoloros o azules pueden tener mal carácter o ser poco de fiar, mientras que entre los indios americanos y los gitanos son muy apreciados.

Si bien la mayoría de los caballos poseen los ojos marrones, los azules tampoco son raros, sobre todo en los cremellos y otras capas claras. Los caballos moteados, como los pintos o los appaloosas, también pueden tener ojos azules o de una combinación de azul y marrón. Lo que es de color azul es el iris y, si bien los caballos de ojos claros pueden ser algo más sensibles a la luz intensa, los iris azules son tan sanos como los marrones. El color de los ojos no tiene ninguna relación con el temperamento del animal.

Existen muchas otras capas insólitas y llamativas, a menudo por poco frecuentes o porque solo se dan en determinadas razas. Una capa especialmente asociada con el caballo de las Montañas Rocosas es un espectacular color chocolate o dorado con la crin y la cola plateadas brillantes.

El brillo metálico de la capa del caballo akhal-teke, una raza originaria de Turkmenistán, dio pie a que se le apodara como «el caballo dorado», a pesar de que puede presentar muchos otros colores.

La compleja genética que explica las diferentes capas y marcas puede resultar muy confusa, sobre todo porque los expertos no siempre coinciden y la sofisticación de las pruebas genéticas se va perfeccionando continuamente. Para el simple aficionado o propietario de caballos, criar con el objetivo de conseguir un color puede parecer una manipulación poco natural. Sin embargo, en muchos casos, la intervención de diligentes programas de cría ha salvado razas que, de otro modo, habrían desaparecido. A otro nivel, los colores naturales del caballo y sus estéticas manchas y franjas nos recuerdan un pasado remoto y nos hacen pensar en la vida en la Tierra tal como se nos revela en las pinturas rupestres prehistóricas. Y es que los misteriosos orígenes de los caballos actuales, sea cual sea su raza o capa, se remontan a un pasado lejano.

Derecha: *El akhal-teke es muy apreciado no solo por su elegancia y el brillo de su capa, sino también por su inteligencia y carácter amable.*

Caballos jóvenes

Crecimiento y desarrollo

>> En verano, cuando el sol empieza a ponerse, la manada remolona se
despereza y algunos caballos se separan del grupo para pacer. En un
movimiento repentino, dos potros patilargos salen corriendo como
una flecha, persiguiéndose uno a otro en círculos alrededor del grupo.
Se empinan sobre las patas traseras, agitan las delanteras y se mordisquean
uno a otro antes de separarse de nuevo. Resoplan, corcovean y echan a
correr, con la cola al viento y la cabeza erguida. Los demás caballos no les
hacen caso, pero los potros, emocionados, brincan alrededor de sus madres.
Aún sin el valor suficiente para alejarse demasiado, corren como un rayo
bajo el ocaso dorado, pero regresan con la misma velocidad a mamar. >>

Los potrillos son unas de las crías de animales más graciosas, con sus patas larguiruchas y bigotes suaves. Se les puede ver curioseando junto a sus madres, o explorando los alrededores con atrevimiento para regresar a toda prisa en busca de seguridad. Un caballo no se considera adulto hasta los cinco años, más o menos, un tiempo en el que realiza un largo viaje hacia la madurez. La crianza de un potrillo salvaje es muy diferente de la de uno doméstico, pero, en ambos casos, la interacción con otros caballos, con personas y con el mundo que los rodea moldeará la confianza en sí mismo y su comportamiento para el resto de la vida.

El embarazo de la yegua dura once meses. Por el ciclo de reproducción de los caballos, los potrillos suelen nacer en primavera o principios de verano. Esto ocurre de forma natural en estado salvaje, pero los criadores tienden a planificar los nacimientos en cautividad para primavera. Si el parto tiene lugar entonces, la yegua dispone de la mejor hierba para producir leche y el potrillo puede disfrutar de buenos pastos y del tiempo cálido del verano para crecer fuerte. A veces se dan partos de mellizos, aunque es bastante raro que ambos sobrevivan, pues el cuerpo de la yegua no ha evolucionado para llevar a término el embarazo de dos crías.

Como animales de presa que son, los caballos siempre deben estar a punto para moverse, por lo que el primer instinto de una yegua en cuanto nace el potrillo es apremiarlo para que se ponga en pie. Lo lame para lavarlo, estimulando así su circulación sanguínea, lo acaricia y le da empujoncitos con el hocico para que intente ponerse en pie. Esto puede suponer algunos intentos fallidos y caídas, pero las largas patas que al principio parecen un impedimento enseguida sostienen al potrillo. Un potro sano se pondrá en pie al poco de nacer y estará listo para correr y huir del peligro en una hora.

Antes que nada, lo que fortalece al potro y estabiliza y estimula su sistema es la leche materna. En las horas previas y posteriores al parto, la yegua producirá una leche muy rica en nutrientes, el calostro, igual que una madre humana. Esta leche es fácil de digerir y contiene anticuerpos que el potrillo necesita para sobrevivir hasta que le proteja su propio sistema inmunitario. El calostro es vital para el potrillo; si le falta, será mucho más vulnerable durante las primeras semanas de vida. En caso de que la madre no pueda alimentarlo, puede conseguirse un sustituto del calostro, pero no hay nada mejor que esa primera leche de la madre.

En estos primeros momentos, cuando el potrillo aprende a ponerse de pie y toma su primer alimento, es cuando se establece el vínculo con la madre. Es el momento de la impronta: el potrillo seguirá a su madre, reconocerá su olor y confiará en ella de un modo que será vital para su supervivencia mientras sea pequeño. También ella aprenderá a reconocer a su cría entre todas las demás y desarrollará su sentimiento protector maternal. Una yegua puede ser muy agresiva hacia cualquiera que intente tocar a su cría y atacará a cualquier depredador sin dudarlo un instante. Las yeguas de una manada salvaje también suelen defender a las crías de otras yeguas, y una yegua cuya cría ha muerto puede intentar robar la de otra yegua. Las yeguas sufren por la pérdida de una cría y, por instinto maternal, salvarán cualquier obstáculo, por peligroso que sea, para estar junto a su potrillo.

En el contexto de la cría de caballos domésticos, existen organizaciones que ayudan a los propietarios a poner en contacto potros huérfanos con yeguas cuyas crías han muerto. La adopción es un proceso delicado, pues la yegua doliente debe aceptar al potro huérfano como propio, algo que suele conseguirse haciendo que su propio olor y el del potro fallecido enmascaren el del huérfano hasta que lo haya aceptado. Pueden pasar varios días hasta que sea del todo seguro dejarlos solos, pues una yegua confundida y afligida podría atacar, e incluso llegar a matar, al potro sustituto. Eso sí, una vez aceptado, lo protegerá con su vida.

Una yegua perfectamente integrada en el entorno humano puede volverse tan protectora que no dejará que el adiestrador se acerque a su potrillo. Esta ansiedad suele disiparse con el tiempo. La mayoría de los propietarios intentan acercarse al potro durante los primeros días para asegurarse de que la yegua se sienta cómoda con ese contacto. Esto no solo ayudará con el manejo del potro cuando sea más grande y más fuerte, sino que también facilita el tratamiento de cualquier problema de salud o es de ayuda en las visitas del veterinario. El proceso de impronta se puede ampliar deliberadamente para incluir a los humanos mediante una rutina de manejo del potrillo durante las primeras jornadas y semanas de vida. Esto incluiría tocarlo por todo el cuerpo, sobre todo en la zona de la cabeza y el vientre, y manipularle las pezuñas. La idea es que, al haberse acostumbrado desde su nacimiento, el

Derecha: *Los ponis de Exmoor son una raza que vive en libertad en manadas semisalvajes. Los potros nacen en pleno páramo, sin ningún contacto por parte de los humanos hasta que se les captura cuando alcanzan la edad del destete.*

potro aceptará mejor la colocación del ronzal, el acicalamiento y otras manipulaciones futuras. No obstante, se trata de un método controvertido, pues supone una intromisión en esas primeras horas en que la yegua y su potrillo se están conociendo. Además, el potro puede desarrollar una confianza excesiva en las personas. Esto puede resultar encantador de pequeño, pero cuando ya tiene un año, no hace tanta gracia que un potro salte para apoyarte los cascos en los hombros.

Dejar que la yegua y el potrillo establezcan su vínculo sin interferencias e introducir el manejo después de forma relajada es una estrategia alternativa que requiere una paciencia adicional, pero que merece la pena. Al igual que en la mayoría de los métodos de manejo del caballo, un acercamiento tranquilo y discreto puede requerir algo más de tiempo, pero suele dar buenos resultados.

En un contexto doméstico, a menudo se aísla a la yegua y su cría, ya sea en un campo o un potrero separado de los demás caballos, o en un gran box especial. La yegua necesita espacio para prepararse para el parto: da paseos, camina en círculo, se echa y se vuelve a levantar muchas veces. Puede parir de pie o echada, con más probabilidad durante la noche. Cuando nace el potrillo, lo mejor es dejarlos a los dos solos un rato, para que disfruten de un poco de tranquilidad, lejos de la atención de otros caballos curiosos. Sin embargo, cuanto antes vuel-

van con los caballos con los que convivirán, mejor; por lo general, los caballos son muy tolerantes y amables con los potros recién nacidos.

El curso natural

La ventaja de un parto al aire libre es que las infecciones son menos probables en un campo limpio. Por su parte, un establo protege de la intemperie y permite tener controlada la situación más fácilmente, ya sea mediante comprobaciones periódicas o gracias a un circuito cerrado de televisión. La mayoría de las yeguas paren sin complicaciones, pero en caso de ser necesario un veterinario, estar bajo techo y con una buena iluminación puede ayudar a salvar dos vidas. Las madres primerizas pueden estar asustadas y a veces rechazan al potrillo; un adiestrador experimentado puede ayudar a tranquilizarla y facilitar el vínculo entre los dos animales. También hay yeguas que retienen el parto adrede hasta que la persona que la vigila decide que todavía no ha llegado el momento y se va a dormir. Lo mejor suele ser vigilar discretamente desde una distancia prudencial; así no se interfiere, pero se está preparado para ayudar o llamar al veterinario si fuera preciso.

El instinto de parir en soledad y en la oscuridad es muy fuerte. En estado salvaje, la yegua se marcha sola para dar a luz, algo que, sin duda, la hace vulnerable a los depredadores tanto durante el parto como inmediatamente después, por lo que intentará regresar con la manada lo antes posible.

El potro deberá entender **su lugar en la manada** en relación con los caballos más mayores […], **lecciones** que empiezan en la **relación** con su madre.

Cuando la yegua y el potro se reincorporan a la vida en la manada, el pequeño puede empezar a coger fuerza y a aprender cómo funciona el mundo del caballo. Al igual que ocurre con los bebés humanos, un potrillo pasa buena parte de los primeros meses de vida comiendo y durmiendo. Un potrillo mama varias veces en una hora, y gana de 450 g a 1,8 kg de peso al día. Mientras mama, la madre suele rascarle la grupa con los dientes, un gesto que sin duda conforta y estimula al pequeño. Rascar suavemente en ese mismo sitio a un caballo adulto puede servir para tranquilizarlo.

Entre tomas, el potrillo duerme, pero en cuanto se despierta va directo a mamar de nuevo. Empezará a jugar en un par de días y, a medida que se va fortaleciendo, día tras día, pasará más tiempo jugando, correteando y brincando alrededor de su madre o con otros potros. A los potrillos les encanta galopar en círculos perfectos alrededor de su madre, cambiando fácilmente de pie en el aire para cambiar de dirección, un movimiento avanzado en equitación. Asimismo, corcovean, se encabritan o saltan con las cuatro patas, como un cordero.

A medida que el potrillo cobra fuerza, puede molestarse si quiere mamar y su madre se pone a caminar, y puede intentar detenerla corcoveando delante de ella. Aunque las yeguas suelen tener mucha paciencia, también son rápidas en administrar una clara disciplina, a menudo con un simple balanceo de la cabeza, pero a veces con un pequeño mordisco si el potrillo insiste demasiado. Estos primeros contratiempos forman parte de las lecciones que aprende de la vida. El potro deberá entender su lugar en la manada en relación con los caballos más mayores, aprender modales y mostrar respeto, lecciones que empiezan en la relación con su madre.

Crecimiento

En un par de semanas el potrillo ya mordisqueará hierba y, en torno a los cuatro meses, requerirá más nutrientes de los que puede proporcionarle la leche materna. A esa edad ya tiene las habilidades de pastoreo bien establecidas, así que el potro simplemente empezará a pastar junto a su madre durante periodos de tiempo más largos. Si los pastos son escasos para sustentar el rápido crecimiento y desarrollo del potro, tal vez necesite algún suplemento. No obstante, una sobrealimentación también puede provocar problemas de crecimiento, por lo que es importante elegir un programa de alimentación adecuado en función de cada raza y de la cantidad y la calidad de los pastos disponibles. Un potro gordo no es más sano que un niño gordo; no se trata de acelerar los estirones naturales, sino simplemente de proporcionarles un apoyo. Criar un caballo joven es una gran responsabilidad, no indicada para propietarios inexpertos.

El refrán «a caballo regalado no le mires el dentado» se explica porque podemos saber la edad de un caballo por su dentadura. El potro empieza a de-

Derecha: *La yegua protege y defiende a su potrillo, a la vez que le enseña a respetar y le da seguridad para explorar el entorno.*

sarrollar los dientes de leche poco después de nacer, y tendrá una dentadura completa de 36 a 44 piezas permanentes a los cinco años. La dentición puede resultarle incómoda; para calmar el malestar, suele masticar madera o piedra y remojarse con agua.

La curiosidad llevará al potro a probar sus nuevos dientes en diferentes hierbas, arbustos y árboles. Esto puede ser un problema, pues, al igual que los bebés, los potros tienden a explorar con la boca e intentan masticar cualquier cosa que encuentran. Una bolsa de plástico puede provocar un desastre, mientras que gorros, abrigos o cualquier otro objeto descuidado pueden terminar llenos de marcas dentales. Con los incisivos exploran lo desconocido, aventurándose sin miedo hasta que su madre les hace regresar a terreno seguro. La sensatez de la madre enseña al potro a ser más precavido y, a medida que va creciendo, también aprende del comportamiento de la manada. Aunque pueda parecer extraño que aprendan a ser más cautelosos, una sana desconfianza de cualquier cosa desconocida es esencial: el sentido común debe frenar la curiosidad natural.

Durante los primeros tres o cuatro meses, el potro presenta un pelaje suave y unos bigotes rizados que le ayudan a explorar y sentir el mundo que le rodea. Luego los muda y empieza a mostrar la capa que tendrá de adulto. Según el color, cambiará más o menos con el tiempo: si se trata de un pelaje bayo o alazán liso, apenas variará; en cambio, si es tordo, irá variando a lo largo de la vida.

« Durante los primeros tres o cuatro meses, el **potro** presenta un **pelaje suave** y unos bigotes rizados [...]. Luego los **muda** y empieza a **mostrar** la **capa** que tendrá de **adulto**. »

El color de la yegua indica con bastante fiabilidad que su potro probablemente también será tordo, quizá en cuanto mude su pelaje inicial, o tal vez de forma más progresiva a lo largo de varios años.

El lipizano es un buen ejemplo de raza en la que el color cambia radicalmente entre el potro y el caballo adulto. Los potros de capa negra o baya oscura son tan característicos de la raza como los caballos adultos tordillos blancos en que se convertirán. Los appaloosas también cambian por completo, según la capa con la que nacen; los cambios pueden empezar en los primeros meses y continuar durante toda la vida.

El potro siempre tiene bigotes, unos suaves pelillos que acabarán sustituidos por largos pelos tiesos. Algunos propietarios recortan esos bigotes para despejar el perfil facial de cara a la exhibición. No obstante, es un tema polémico, pues un caballo adulto necesita esos sensores táctiles que son los bigotes tanto como el potro joven.

A medida que crece y se vuelve más atrevido, el potro interactuará más con otros caballos, que en su mayoría son muy tolerantes con las crías hasta que tienen un par de años. Con esa edad se espera que ya entiendan cómo funciona la manada, que reconozcan los límites de lo apropiado y que sepan comportarse. Los caballos adultos no suelen ser bruscos con los más pequeños, pero las orejas planas o un balanceo del cuello son signos de advertencia a los que enseguida aprenderán a prestar atención. Si un potrillo se siente amenazado o cohibido, se acercará a un caballo adulto moviendo la boca, como si estuviese masticando. Se trata de un gesto de apaciguamiento que indica vulnerabilidad; algunos caballos adultos también lo usan en momentos de estrés.

Al ir cobrando más fuerza, el potro empezará a alejarse cada vez más de su madre, aunque, si se asusta, regresará a ella a toda velocidad. Cuando la madre corre, el pequeño va al mismo ritmo, normalmente apoyándose en su hombro para mayor seguridad. Los caballos jóvenes siguen haciendo este gesto durante las fases iniciales del adiestramiento. Hay personas que lo ven como un intento del animal por dominar al adiestrador, pero más bien indica necesidad de apoyo. Animar al joven caballo a no inclinarse —algo, por otro lado, potencialmente peligroso— también puede ayudarle a ser más independiente.

A medida que el potro come más hierba, heno o forraje, irá tomando menos leche hasta que deje de necesitar la alimentación materna. Tradicionalmente se separaba a los potrillos de sus madres a los seis meses para destetarlos, una experiencia a menudo traumática que disgustaba tanto a la yegua como a la cría. En estado salvaje, el potro mostrará menos interés por mamar —y la madre empezará a disuadirlo— durante un periodo que puede prolongarse hasta un año, o incluso más. Si la yegua vuelve a quedarse embarazada, es probable que ella misma rompa el vínculo con el potro anterior; de hecho, algunas yeguas se vuelven bastante agresivas a medida que avanza el embarazo. En cambio, otras pueden dejar que el potro mayor esté cerca incluso después de nacer el pequeño. Con el tiempo, la dependencia va disminuyendo. Parece ser que hoy día los propietarios de caballos tienden a

En **estado salvaje**, el **potro** mostrará menos interés por mamar […] durante un periodo que puede prolongarse hasta un **año**, o incluso más […]. Con el tiempo, la **dependencia va disminuyendo**.

respetar ese proceso natural y permiten que el destete se prolongue durante más tiempo. Un método consiste en separar al potro de su madre primero unos minutos y luego unas horas, por ejemplo, volviendo a cabalgar con la madre mientras el potro se queda en casa con otros caballos. Esto es mucho más fácil y, mientras el potro tenga compañía, con el tiempo simplemente necesitará menos a su madre y dejará de mamar.

En estas situaciones pueden ser de gran ayuda las yeguas más mayores o incluso los caballos castrados, que ofrecen al potro la presencia reconfortante de un caballo adulto mientras aprende a independizarse de su madre. Los caballos «canguro» suelen ser voluntarios; no será posible convencer a un caballo para que haga compañía a un potrillo si no tiene paciencia. En una manada tranquila cuyos miembros se conocen bien entre ellos, el potro será aceptado en el grupo a medida que crece, por lo que tanto el destete como ese proceso de independencia ocurren de forma natural.

Potros, potrillos y potrancos

Hasta la edad de tres años se les llama potrillos o potrancos. Según las circunstancias, también se les describe como potrillo de un año o de destete. Potros y potras se convierten en sementales o yeguas al alcanzar la madurez sexual, hacia los tres o cuatro años, según la raza y la tradición de cada región.

Las diferencias de comportamiento entre machos y hembras ya empiezan a apreciarse durante el primer año. Normalmente a los potros les gusta más jugar a pelearse; durante estos juegos golpean con las patas delanteras y muerden a sus compañeros en el cuello, signos incipientes del comportamiento de un semental. También pueden presentar una actitud general más atrevida. En cambio, las potras muestran menor inclinación por las peleas y, en todo caso, más bien dan coces con las patas traseras. Pueden ser más atentas y aprenden más rápido. No obstante, en ese momento también se desarrolla el carácter personal de cada caballo, y el temperamento individual siempre primará sobre el patrón general: no es en absoluto extraño encontrar un potro atento o una potra atrevida.

Aunque, desde un punto de vista estrictamente físico, un caballo joven puede reproducirse al año o los dos años de edad, en general no se considera una buena práctica, ya que exige demasiado a un cuerpo joven en desarrollo. Por supuesto, en estado salvaje los caballos se reproducen en cuanto su instinto se lo pide o cuando surge la oportunidad, lo que puede tardar muchos más años, dependiendo de la composición de la manada y de la disponibilidad de posibles parejas. Cuando los potros empiezan a mostrar interés por aparearse, el semental del grupo los relegará al margen de la manada o los obligará a abandonarla por completo. En ese caso se unen a lo que se conoce como grupos de «solteros», que se desplazan juntos hasta que surge la oportunidad de formar su propia manada. Si ya hay un líder claro, probablemente se marchará para iniciar su propia

manada con las primeras hembras disponibles que se crucen con el grupo. De lo contrario, habrá peleas, que pueden llegar a ser muy violentas.

A los potros domésticos se les suele castrar antes de que desarrollen conducta de semental y mientras aún son suficientemente jóvenes como para que sea una operación menor. Los caballos castrados son más fáciles de manejar. Además, con esta práctica se reduce el número de crías no deseadas. Un caballo puede vivir perfectamente más de veinte años, y necesita alimento, adiestramiento y un hogar seguro toda la vida, por lo que una gestión responsable de la cría de caballos es fundamental. Un animal conservado como semental deberá tener las características, la morfología y el temperamento para producir descendencia deseable para la que sea fácil encontrar un hogar. Asimismo, necesita un adiestrador que entienda los retos no solo de mantener un semental, sino también de manejar las yeguas del entorno en época de celo, pues también pueden resultar problemáticas. Los sementales domésticos a menudo deben vivir aislados para prevenir embarazos no deseados, para impedir peleas con otros caballos, y para evitar el riesgo de que se escape para perseguir a un jinete que pase cerca con su yegua. Pocos de ellos disfrutan de la vida tranquila al aire libre de una manada con cierto grado de libertad.

Si bien la cría sin restricciones podría parecer más natural, lo cierto es que, en estado salvaje, muchos caballos jóvenes mueren o llevan una vida muy dura en la periferia de una manada. Para asegurarnos de que esto no llega a ocurrir en un contexto doméstico, debemos ser realistas: un caballo castrado podrá vivir felizmente como un miembro más de la manada, con yeguas y otros caballos castrados.

Proceso de aprendizaje

Cuando el caballo joven pasa a convertirse en miembro de pleno derecho de la manada, su lugar en el orden social cambia. Comportamientos tolerados en un potro de un año no serán aceptables en uno de dos o tres años. Los caballos suelen advertirse unos a otros si se traspasa algún límite, pero cuando un potrillo deja de ser una cría para convertirse en un caballo joven —un cambio que los demás equinos determinarán de modo distinto a las personas— le reprenderán rápida y severamente, a menudo mediante una embestida o un mordisco, si no muestra un respeto apropiado por los mayores. Aquí el tamaño no importa: un pequeño poni no tendrá ningún problema en recordar a un potro mucho más grande que hay reglas de comportamiento que deben cumplirse. Con el tiempo, la posición relativa en el orden de la manada dependerá en buena medida del carácter individual y la confianza en sí mismo de cada caballo. Los potros se mantienen al margen de las peleas y, si se sienten amenazados, no tardarán en mostrar el movimiento apaciguador de la boca de cuando eran más pequeños.

Con el tiempo, la **posición** relativa en el **orden de la manada** dependerá en buena medida del **carácter individual** y la **confianza** en sí mismo de cada caballo.

El caballo joven aprende pronto cuáles de sus compañeros compartirán su comida y le dejarán refregarse, y de cuáles es mejor mantenerse a cierta distancia. El aseo mutuo, durante el que dos caballos se colocan uno junto a otro mirando en dirección contraria y rascándose mutuamente, es un buen indicador del grado de familiaridad. Los animales jóvenes suelen esperar que sea un caballo mayor el que inicie este comportamiento. Los compañeros con los que comparta el aseo serán aquellos con los que más a gusto se sentirá. Pueden ser una especie de mentores: caballos mucho mayores y más fuertes con un papel de liderazgo consolidado en la manada a los que el caballo joven cobra apego.

Asimismo, forman sus propios subgrupos de caballos jóvenes, que suelen ser más relajados y tolerantes con los límites de respeto. Sin embargo, en contextos domésticos es habitual que solo haya un ejemplar joven en una manada pequeña. Con compañeros de la misma edad, el potro juega y establece relaciones a dos niveles; si es el único joven, tal vez encuentre un compañero al que le apetezca jugar. A los caballos jóvenes les encanta correr, sobre todo al atardecer, un excelente ejercicio para su desarrollo. El galope estira los músculos y desarrolla tanto la densidad ósea como los tejidos, además de contribuir a consolidar la seguridad en el paso.

El argumento que defiende la monta y el adiestramiento de los caballos de carreras a una edad temprana se basa en los beneficios que aporta a la estructura de los huesos y los tejidos. Tradicionalmente los caballos de carreras se empiezan a montar en torno a los 18 meses, para participar en carreras con dos o tres años, según la normativa de las competiciones reguladas por los distintos organismos competentes. Pero también hay argumentos que desaconsejan ese trabajo de alto impacto y que sugieren que un caballo joven debería fortalecerse simplemente a través de mucho juego.

La edad ideal para empezar a adiestrar un caballo joven es un tema de debate muy controvertido. Aunque se afirma que las diferentes razas maduran a ritmos distintos, son pocos los expertos que considerarían adulto a un caballo antes de los cinco años de edad. Sin embargo, es habitual ensillar animales de dos, tres y cuatro años, según la raza y la tradición. La formación de los huesos y otros aspectos físicos importantes del desarrollo intervienen en estas decisiones. También es relevante la madurez mental y emocional del caballo, que determinará si está preparado para trabajar. Pero antes de empezar a trabajar en serio, conviene proceder a un adiestramiento básico, para que el caballo joven acepte la colocación del ronzal, direcciones y manejos simples, como el acicalamiento y el cuidado de los cascos. Este adiestramiento puede incluir el transporte en remolque, paseos con un caballo más mayor y presentaciones a la mano. La «agility», que enseña a un caballo a salvar obstáculos con seguridad según indicaciones del adiestrador pie a tierra, es otra actividad que permite al caballo joven ejercitar cuerpo y mente.

Página anterior: *Las características del caballo adulto en que se convertirá cada potrillo se definen cuando son muy pequeños.*

Es buena idea introducir lecciones breves durante varios días y luego dejar pasar unas semanas, durante las cuales los caballos jugarán a su aire o simplemente participarán en la rutina de manejo establecida de la manada. Se puede acostumbrar a un caballo joven a la interacción con las personas y enseñarle buenos modales sin presión llevándolo al establo para comer de forma regular, capturándolo para llevarlo de un campo a otro, o haciendo que espere su turno para recortarle las pezuñas.

Igual que un niño de dos años, a veces tienen pataletas, por lo que puede ser un buen momento para trabajar sobre lo que ya saben acerca de caminar tranquilos o dejarse manipular los cascos, en vez de intentar introducir demasiadas nuevas experiencias. Y a la hora de incluir novedades, si lo hace un buen adiestrador, con seguridad y de forma relajada, el caballo las aceptará mejor.

Una insistencia paciente en los buenos modales reportará beneficios. Enseñar a un caballo a dar marcha atrás cuando se le indica confiere una ventaja psicológica: no solo calma al animal, sino que establece la autoridad del adiestrador. Que un caballo respete esta orden no es cuestión de dominación, sino de mostrar el liderazgo seguro que tranquilizará al caballo. Las pataletas y la resistencia pueden ser signos de carácter, pero también de inquietud. Un caballo que aprende a responder rápida y tranquilamente a su adiestrador será más estable y se sentirá más seguro a largo plazo.

Preparar de este modo a un caballo joven para el mundo y para un comportamiento tranquilo y

relajado hará que el progreso sea mucho más fácil a la hora de adiestrarlo para la monta. Así pues, si bien es vital dejar que el potro tenga mucho tiempo para jugar, también ayuda a preparar el terreno para una vida posterior como caballo de silla o de trabajo.

Crecimiento rápido

Independientemente de la raza, en general los potrillos siguen el mismo patrón básico de crecimiento. Nacen patilargos, incluso un minúsculo poni de las Shetland miniatura, que al nacer puede ser más pequeño que un perro, tiene las patas largas en relación con el resto del cuerpo. Esto es así porque necesitan poder ponerse de pie, correr y alimentarse desde el primer momento; los pequeños nacen con algunas capacidades físicas avanzadas necesarias para su supervivencia.

Los potrillos tienen una cabeza y un cuerpo pequeños que crecen rápidamente. En cambio, las largas patas no necesitan crecer tanto ni tan rápido para alcanzar el tamaño de adulto. Con tres o cuatro años, los potros ya estarán cerca de su altura definitiva, pero su cuerpo sigue desarrollándose hasta los cinco años, o incluso algo más en algunas razas. Esto significa que el cuello y los músculos del cuerpo se seguirán perfeccionando hasta alcanzar la forma adulta. Muchos caballos jóvenes pasan por fases en las que presentan un aspecto desgarbado, anguloso, poco elegante, quizá con una cabeza que parece demasiado grande.

Algunos también son altos de grupa durante un tiempo, esto es, la grupa queda más alta que la

cruz. Pueden ser unos momentos de nervios para el criador, pues montar «cuesta abajo» no resulta cómodo, además de poder provocar problemas de espalda al caballo y al jinete. Sin embargo, muchos potros altos de grupa siguen creciendo hasta que su altura delantera iguala a la de los cuartos traseros y presentan un lomo nivelado. A los cuatro años la forma del caballo maduro está bastante consolidada y, a los cinco, si bien aún sigue acabando de desarrollarse, ya se describe al caballo como adulto.

Ciertas características físicas se revelan muy temprano en unas razas. Otras (capacidad para el salto, resistencia...) presentan un alto potencial por el proceso de cría, pero resultan difíciles de evaluar hasta que el potro no alcanza la madurez.

Influencias tempranas

Los caballos jóvenes crecen rápido. La fase del pequeño potrillo simpático solo dura unos meses. Pero los potros larguiruchos de un año correteando por el campo o los de dos años, con su timidez o su atrevimiento, igualmente dispuestos para el juego o una rabieta, también son muy divertidos. Las características de la raza determinarán su capa, complexión y temperamento. Pero la forma de evolucionar hacia la edad adulta desde los tres o cuatro años depende de la alimentación, el manejo y la interacción con la manada que experimentan en el periodo inicial. Por todo ello, el potrillo, que es un ser único, se convertirá en un caballo también único: he ahí la virtud y el reto de cada caballo.

« El potrillo, que es un **ser único**, se convertirá en un caballo también único: he ahí la **virtud** y el **reto** de cada caballo. »

Conclusión

El espíritu del caballo

Los caballos son unos animales de una variedad casi infinita. Su presencia física va desde la majestuosidad impresionante a la monada más encantadora. Pueden ser animales fogosos y explosivos con un brío que escapa a nuestra comprensión, o cariñosos miembros de la familia en los que confiamos sin reservas. Nos cautivan, trabajan para nosotros, nos siguen, se hacen amigos nuestros, e incluso a veces nos asustan. En este libro hemos visto algunas de las razones de esa poderosa conexión que el ser humano ha forjado con los caballos a lo largo de miles de años.

Como animales gregarios, los caballos son domables y cooperadores, y responden bien a un liderazgo seguro. Esto complementa su necesidad, como animales de presa, de buscar lugares y situaciones donde se sientan tranquilos, y no en peligro inminente. Su elegancia y sus instintos nos permiten montar a caballo formando una pareja genuina, mientras que su espíritu sutil le ha llevado a ocupar un lugar especial en mitos y leyendas. Todos estos factores, combinados con la variedad natural de formas, tamaños, colores y temperamentos, hacen del caballo un compañero de lo más atractivo tanto para el trabajo como para el ocio.

No obstante, cuanto más nos acercamos al mundo del caballo, más nos damos cuenta de que esta relación es una responsabilidad para nosotros, como adiestradores y jinetes. Los caballos no son recursos diseñados para nuestro beneficio, sino seres vivos con caracteres individuales, fuertes instintos, necesidades propias y motivaciones de seguridad y supervivencia. Hace miles de años, cuando los humanos empezamos a domesticarlos, alteramos su futuro para siempre. Pero también ellos nos cambiaron, y esta compleja relación ha dado forma a la cultura humana.

Si asumimos el liderazgo con sensibilidad, podremos empezar a entender el enfoque equino de la vida y a beneficiarnos de ese conocimiento. Mediante la observación, podemos aprender sobre dinámicas de grupo, relajación y energía. Los humanos somos cazadores, más próximos a una jauría de depredadores que a una manada de animales de presa. No obstante, compartimos muchos rasgos comunes, en especial la necesidad de formar parte de un grupo social y saber cuál es nuestro lugar en la red de relaciones que se desarrolla a nuestro alrededor. Los caballos nos atraen porque nos parecemos y, al mismo tiempo, somos muy diferentes. La confianza equina en el instinto, la pasión por el movimiento y el placer de simplemente pasar el rato con compañeros pueden enseñarnos mucho. Los caballos pueden ayudarnos a encontrar el equilibrio en nuestro acelerado estilo de vida moderno con un enfoque más relajado. Ellos son más felices entre personas tranquilas y seguras de sí mismas, y nosotros somos más felices cuando estamos tranquilos y nos sentimos seguros de nosotros mismos. Esta situación favorable para ambas partes es posible nada más empezamos a interactuar con caballos.

Por la ventana contemplo cómo el verano deja paso al otoño. Los páramos ya han mudado del morado a los ocres, y bayas escarlatas penden de los serbales como adornos navideños tempranos. Mis caballos empiezan a bajar al establo por la mañana, en busca del desayuno, y sus brillantes pelajes estivales van espesando para prepararse para el invierno. Intentaré no taparlos todavía con mantas para que les crezca un buen pelaje y se aclimaten al frío.

Cada miembro de la manada tiene sus necesidades particulares. Darius ya está mayor, por lo que añadiré un suplemento en su pienso para la rigidez de espalda. Topaz es un caballo de rescate y se pone nervioso cuando no puede salir, así que me aseguro de que su comida esté siempre en la parte abierta del establo. Rowan es mitad cob galés y de naturaleza agradecida, por lo que debo vigilar su peso. A los dos burros no les gusta la lluvia, de modo que suelen quedarse bajo techo cuando hace mal tiempo gorroneando algo de heno extra.

La pequeña Ruby ya no es tan pequeña, ha crecido mucho durante el verano. Ya se puede apreciar la yegua que será, no muy alta pero robusta como su madre cuarto de milla y elegante como su padre appaloosa. Posee una capa grulla chocolate, como su madre, con pelos blancos en las ancas —el factor ruano appaloosa que puede desarrollar con la edad—. Aún se está acostumbrando a los rigurosos inviernos de Gales y quiero que dedique su energía a crecer, no a calentarse, por lo que pronto la taparé con una manta. Aun así, será un mes más tarde que el año pasado, cuando acababa de llegar. Los ponis de las Shetland miniatura se irán pronto a casa, pero regresarán la próxima primavera, cuando empiece a crecer la hierba. Las dos manadas ya se conocen tan bien que estoy convencida de que el año que viene lo retomarán donde lo dejan ahora.

Los caballos aportan ritmo a nuestra vida. Ellos siguen los patrones de su instinto, de la manada y de las estaciones. Al observarlos y cuidarlos, somos más conscientes del mundo que nos rodea, aprendemos a leer los signos de la lluvia, la nieve, los vientos fuertes, el sol abrasador, la hierba de primavera y el barro del invierno. Al estar en contacto con animales que usan el lenguaje corporal como principal forma de comunicación, nosotros también aprendemos a interpretarlo. Podemos experimentar la emoción del movimiento cuadrúpedo y una sensación de velocidad desconocidas para nuestro estilo de vida bípedo. Disfrutar de su belleza, elegancia y presencia física no es más que el punto de partida de todo lo que nos puede ofrecer el amor por los caballos.

Espero que el lector haya encontrado en este libro fotografías e ideas que le ayuden a conectar con el ritmo del caballo y a entender un poco más sus necesidades y las sutilezas de su carácter. Por cada cabeza majestuosa y crin al viento, hay también cuerpos rollizos y pelajes greñudos. Todos son hermosos, todos tienen carácter y todos están dispuestos a ser amigos del hombre, un profundo instinto que es nuestra buena fortuna.

Glosario

aseo mutuo Cuando dos caballos se acicalan uno a otro. Además de ser un comportamiento práctico, es un acto de confianza y vinculación.

asilvestrado Animal doméstico que ha regresado a un estado salvaje.

cabos La crin, la cola, las patas y las puntas de las orejas de un caballo.

cambio de pie en el aire Cuando el caballo cambia de dirección al galope, sin romper el ritmo en un trote.

capa Color del conjunto de pelos y crines que recubre la piel del caballo.

dilución Gen que hace que se aclare el color del pelaje de un caballo.

doma clásica También conocida como equitación clásica o alta escuela. Estilo de equitación basado en el movimiento natural de los sementales y que desarrolla una serie de movimientos atléticos y armoniosos. Es la base de la doma moderna.

forraje Régimen de alimentación basado en hierba natural seca.

freno Medio de comunicación con el caballo que consiste en una barra o bocado de metal, goma o plástico que entra en la boca y a la que se unen las riendas.

gen Segmento del ADN que proporciona información genética. Los genes contienen la información para desarrollar y mantener las células de un organismo y transmitir los rasgos genéticos a la descendencia.

heterocigótico Un par de genes que son diferentes.

homocigótico Un par de genes que son iguales.

jaca Poni o caballo pequeño y fornido.

impronta Proceso de aprendizaje instintivo de un animal recién nacido que consiste en el reconocimiento y el establecimiento de un vínculo con su madre o con una figura materna, aunque no sea necesariamente de su misma especie.

manada Grupo interdependiente de caballos, ya sea en estado salvaje o bien en un contexto doméstico. Para el caballo, cualquier número que sea superior a uno es una manada, y el grupo puede incluir a adiestradores habituales o incluso otros animales.

modificador Gen que influye en el aspecto físico de un caballo.

patrón de la raza Lista de características que definen una raza aceptada por una sociedad de cría.

pies descalzos Enfoque del cuidado de los cascos que imita el estado natural salvaje para fortalecerlos y así eliminar la necesidad de herraduras.

potra Yegua joven.

potro Caballo joven.

raid Deporte de competición de larga distancia que a menudo se desarrolla en terrenos complicados donde se tienen en cuenta el estado de forma y la velocidad del caballo.

raza Linaje de caballos con unas características concretas, que a menudo se desarrolla mediante selección deliberada para conseguir ciertos rasgos.

recesivo Gen con características que quedarán ocultas en presencia de un gen dominante.

Índice analítico

Créditos fotográficos